C. Bruno Wagener

Shakespeares Einfluss auf Goethe in Leben und Dichtung

1. Teil

C. Bruno Wagener

Shakespeares Einfluss auf Goethe in Leben und Dichtung
1. Teil

ISBN/EAN: 9783742816184

Hergestellt in Europa, USA, Kanada, Australien, Japan

Cover: Foto ©Andreas Hilbeck / pixelio.de

Manufactured and distributed by brebook publishing software
(www.brebook.com)

C. Bruno Wagener

Shakespeares Einfluss auf Goethe in Leben und Dichtung

Shakespeares einfluss auf Goethe in leben und dichtung

C. Bruno Wagener

Shakespeares Einfluss auf Goethe

in Leben und Dichtung.

I. Teil.

- - - -- --

Inaugural-Dissertation

zur

Erlangung der philosophischen Doctorwürde

eingereicht

DER HOHEN PHILOSOPHISCHEN FACULTÄT

der

Königl. Vereinigten Friedrichs-Universität

Halle-Wittenberg

von

Carl Bruno Wagener

aus Amoy (China)

welche derselbe nebst angehangten Thesen in öffentlicher
Disputation am **3. November 1890** verteidigen wird.

— — — — — — —

Halle a. S.
Buchdruckerei von M. Kandler.
1890.

Opponenten:

Herr cand. phil. **Albert Mennung.**

Herr stud. theol. et phil. **Friedrich Albitz.**

Die Zahlen im Texte verweisen auf den Anhang.

Meiner lieben Mutter

in Dankbarkeit gewidmet.

Motto:

„Ich verdanke den Griechen und Franzosen viel;
ich bin S h a k e s p e a r e , S t e r n e und G o l d s m i t h
Unendliches schuldig geworden. — Allein damit sind
die Quellen meiner Kultur nicht nachgewiesen; es
würde ins Grenzenlose gehen und wäre auch nicht
nötig. —

Die Hauptsache ist, dass man eine Seele habe,
die das Wahre liebt, und die es aufnimmt, wo sie
es findet." —

(Goethe zu Eckermann, 16. Dezbr. 1828.)

(Eckermann, Gespräche etc. III. Aufl. II. S. 29.)

„S h a k e s p e a r e ist für aufkeimende Talente
gefährlich zu lesen; er nötigt sie, ihm zu r e p r o d u -
z i e r e n , und sie bilden sich ein, sich selbst zu r e p r o -
d u z i e r e n ." —

(Goethe, Maximen und Reflexionen I.)

Erster Teil.

Goethe unter dem Banne der ersten, jugendlichen Shakespeare - Begeisterung.

(1765 bis Anfang 1775.)

Einleitung.

Als in der zweiten Hälfte des vorigen Jahrhunderts die deutsche Dichtkunst begann, sich von den Fesseln französischer Regelmässigkeit und Eintönigkeit frei zu machen, da war es vor allen Einer, auf den sich die Blicke lenkten, — Einer, an dem der tote Strom abgestandener Verskünstelei wie an einem mächtigen Felsen sich brach und neu belebt aufschäumte.

Das war der grosse Britte: William Shakespeare.

Wer in der deutschen Dichterwelt etwas bedeuten wollte, der musste für oder wider ihn Stellung nehmen.

Ein Streit der Geister war entbrannt; aber seine Kriegesfackel war nicht die der Zerstörung, sondern sie strahlte Licht und Leben weckend wie das anbrechende Morgenrot.

Auch die beiden grössten Geister unserer Dichtkunst mussten in diesem Kampfe mitfechten.

Von ihnen war es Goethe, der wie wenige andere ein mächtiger Rufer im Streite ward. Als Schiller den Kampfplatz betrat, war der Sieg bereits errungen.

Goethes Anteilnahme an Shakespeares Werken übte auf seine ganze künstlerische Richtung einen grossen, — in gewisser Hinsicht bestimmenden Einfluss.

Diesen Einfluss Shakespeares auf Goethe nachzuweisen, wie er in den Jahren von Goethes erster dichterischer Entwickelung in Leipzig, Frankfurt und Strassburg (1765—1775) sich ausprägt und bis zum Abschlusse des „Werther" und „Clavigo" so besonders stark hervortritt, das sei die Aufgabe

1

dieser Zeilen. Dabei sei nicht vergessen, was Goethe selbst
sagt: „die Quellen seiner Kultur sind damit nicht nachgewiesen;" nur ein Bruchteil, aber wohl einer der wichtig-
sten, von Goethes geistigem Leben wird uns zu beschäftigen
haben.

Goethes Dichtungen werden in erster Linie als Quelle
zu benutzen sein; doch werden wir uns oft genug, wenn uns
die dichterischen Werke keinen Anhalt bieten, auf Reden,
Briefwechsel und Gespräche Goethes stützen müssen.

Schon lange vor Goethes Zeit waren Shakespeare'sche
Dichtungen in Deutschland bekannt geworden.[1])

Englische Schauspielertruppen hatten sie aus ihrer Hei-
mat herüber gebracht, freilich meist grausam verstümmelt,
nur als Schatten des Urbildes.

Schon auf Andreas Gryphius (1616 — 1664) hatten sie
bedeutenden Einfluss geübt. Von dauernder Wirkung waren
Shakespeares Werke noch nicht. Der Dichter selbst war so
gut wie unbekannt.

Morhof im „Unterricht von der deutschen Sprache" (1682),
Benthem im „Englischen Schul- und Kirchenstaat" und Jöcher
in seinem „Gelehrten-Lexikon" erwähnen ihn mit einigen
wenigen Zeilen.

Im Jahre 1740 war Bodmer[2]) auf ihn aufmerksam geworden, nennt ihn aber Saspar und Sasper, ohne die richtige
Schreibart zu kennen.

Das folgende Jahr (1741) aber ist für die Geschichte
Shakespeares in Deutschland von grosser Bedeutung; denn es
erschien die erste deutsche Uebertragung eines Shakespeare'-
schen Werkes unter dem Namen des Dichters.

Es war dies der „Versuch einer gebundenen Uebersetzung
des Trauerspieles von dem Tode des Julius Cäsar. Aus dem
englischen Werke des Shakespeare, Berlin 1741," von Christian
von Bork, — ein Werk, das in seiner, für uns darin liegenden, unfreiwilligen Komik unwiderstehlich wirkt.

Wenige Jahre darauf erschien auch eine Uebersetzung
von „Romeo und Julia".[3])

In Frankreich war man bereits durch Voltaire auf den
grossen Engländer aufmerksam geworden; verschiedene Ueber-

setzungen waren dort schon erschienen. Und von Voltaire ging auch die Anregung dazu aus, dass Wieland sich mit Shakespeare beschäftigte. Auch Lessing scheint durch ihn auf Shakespeare hingewiesen zu sein.

Seit diese beiden Männer an Shakespeare herantraten, war er für Deutschland gewonnen.

Lessing bekämpfte die französische Langweiligkeit mit ihrem willkürlichen Regelkram, indem er die Leuchte der Kritik schwang; Wieland stand ihm erfolgreich zur Seite, indem er mit dem blitzenden Schwerte Shakespeare'scher Dichtung die Schattengestalten der Unnatur verscheuchte.

Der erstere erhob in der „theatralischen Bibliothek" (1754—1758), in seinen „Litteraturbriefen" (1759) und in der „Hamburgischen Dramaturgie" (1767—1768) seinen scharfklingenden Schlachtruf; der andere trat mit einer für seine Zeit meisterhaften Uebersetzung (1762—1766) von 22 Shakespeare'schen Stücken[4]) vor das deutsche Volk, wenn er es sich dabei freilich auch nicht versagen konnte, manche Untugend Shakespeares in begleitenden Anmerkungen scharf zu tadeln.

Etwa ein Jahrzehnt später, in den Jahren von 1775 bis 1777, erschien — auf Wieland fussend — die Eschenburg'sche Uebersetzung[5]) des ganzen Shakespeare, ebenso wie die frühere in Prosa abgefasst.

Trotz einiger ungnädigen Kritiker nahm die Schriftstellerwelt Deutschlands diese Uebersetzungen begeistert auf.

Männer wie Gerstenberg, Leisewitz, Lenz, Klinger, Müller und Hahn ergingen sich in thörichten Uebertreibungen der Shakespeare-Vergötterung, und ihre eigenen Werke waren voll von Nachahmungen des grossen Britten. Das „Wie er sich räuspert, wie er spukt" hatten sie ihm mit mehr oder weniger Geschicklichkeit abgeguckt, — sein Geist fehlte der ganzen Schar von Dichterlingen.

Lessing billigte dieses tolle Treiben nicht „Shakespeare will studiert sein, nicht geplündert", sagte er.

Zwei Männer waren es nächst Lessing und Wieland vor allen, die nach diesem Grundsatze handelten: Herder und Goethe.

1765—1770.

Goethe war in Leipzig zuerst auf Shakespeare aufmerksam geworden.

Er selbst erzählt in „Dichtung und Wahrheit",[6]) wie er durch Dodds „Beauties of Shakespeare" mit dem bis dahin ihm fremden Dichter bekannt geworden sei.

Goethe nimmt diese Sammlung „schöner Stellen" aus Shakespeares Werken in Schutz gegenüber dem Vorurteile, das solchen Blumenlesen im allgemeinen entgegengebracht wird.

Ihn trafen „jene herrlichen Eigenheiten, die grossen Sprüche, die treffenden Schilderungen, die humoristischen Züge, — alles traf ihn einzeln und gewaltig."

Wir haben keinen Grund, an der Richtigkeit der Goethe'schen Darstellung zu zweifeln.

Augenscheinlich ist die Ausgabe der Werke Shakespeares von Johnson[7]) (1765) dem Leipziger Studenten nicht vor Augen gekommen, wie in den Nachträgen und Berichtigungen zum siebenten Bande des Goethe-Jahrbuches[8]) als möglich hingestellt wird.

Abgesehen von dem gänzlichen Fehlen einer Goethe'schen Aeusserung über diesen Punkt, ist gerade die von Sauer[9]) — allerdings ohne Bezug auf Johnson — für Goethes Bekanntschaft mit den Werken Shakespeares zu einem früher, als bisher angenommenen Zeitpunkte geltend gemachte Stelle aus der Rede zum Shakespeare-Tage eher ein Beweis gegen als für die oben erwähnte Annahme einer so frühzeitigen Beschäftigung Goethes mit den vollständigen Werken Shakespeares.

Wenn Goethe sagt: „die erste Seite, die ich in ihm las, machte mich auf Zeitlebens ihm eigen, und wie ich mit dem ersten Stücke fertig war, stand ich wie ein Blindgeborener, dem eine Wunderhand das Gesicht in einem Augenblicke schenkt. — — — Ich zweifelte keinen Augenblick, dem regelmässigen Theater zu entsagen" — — — wenn Goethe im Jahre 1771 sich so ausspricht, so deutet er damit nicht auf seine allererste Bekanntschaft mit Shakespeare hin, die in

der That durch die „beauties" vermittelt wurde, sondern er meint
die Wieland'sche Uebersetzung, die ihm bald nach ihrem Erscheinen — spätestens im Herbste 1767 — bekannt wurde.

Denn es wird wohl niemand auf den Gedanken kommen,
dieses „dem regelmässigen Theater entsagen" in jener ersten
Leipziger Zeit zu suchen.

Wir wissen, dass Goethe im Jahre 1765 einen „Belsazar"[10]) schrieb, von dem uns einige Verse des ersten Aufzuges erhalten sind; es sind Alexandriner.

Goethe schreibt nun am 30. October 1765 an seinen
Freund Riese,[11]) und zwar schreibt er dies in jambischen
Quinaren, dass er diese Versart, die „der grosse Schlegel
selbst" für die schicklichste halte, gewählt, sein Trauerspiel
zu enden.

Und am 7. Dezember desselben Jahres schreibt er an
seine Schwester:[12])

„Ich schreibe jetzt von meinem Belsazer.
Fast ist der letzte Aufzug auch so weit,
Als wie die andern sind. Doch wiss Du das:
In Versen, wie hier die, verfertigt' ich
Die fünfte Handlung. Dieses, Schwester, ist
Das Versmass, das der Britte braucht, wenn er
Auf dem Coturn im Trauerspiele geht."

Goethe hat also den „Belsazar" in Alexandrinern bis
zum Schlusse des vierten Aufzuges und von da ab in fünf-
füssigen Jamben gedichtet.

Dabei weist er selbst auf das Vorbild Johann Elias
Schlegels hin, dessen Uebersetzung von Congreves Drama
„The mourning bride" im Jahre 1762 neu gedruckt war und
den Quinar — nach dem Vorgange Congreves, des Britten, — statt des üblichen Alexandriners einführt. Jedenfalls liegt kein Beweis vor, dass Shakespeare der von
Goethe erwähnte Britte sein müsse. Naheliegend wäre es
vielleicht auch „der Britte" als an Stelle von „die Britten"
gesetzt zu betrachten.

Aber selbst gesetzt den Fall, es wäre Shakespeare unter
den „Britten" zu verstehen, und sein Beispiel habe Goethe
veranlasst, mitten in seinem „Belsazar" das Versmass zu

wechseln, so ist das doch gewiss nicht die Wirkung Shakespeares, die Goethe mit den Worten charakterisiert: „ich
zweifelte keinen Augenblick, dem regelmässigen Theater zu
entsagen.“

Dieser Umschlag trat erst viel später ein.

Vorläufig bereitete Goethes Beschäftigung mit den „beauties of Shakespeare“ ihn auf Wielands Uebersetzung vor.

Leider finden wir in dem Briefwechsel Goethes aus dieser
Zeit keine einzige Stelle, die über den Eindruck der „beauties“ auf den jungen Studenten sich ausspricht.

Wenn wir aber zwischen den Zeilen lesen, so kann uns
die starke Wirkung nicht entgehen, die von der Sammlung
Shakespeare'scher Citate auf Goethe ausgeübt wurde.

In einem Briefe Goethes an seine Schwester, [13]) datiert
„le soir du premier jour des Paques, 1766“ — d. h. vom
30. März —, hören wir zum ersten male von des jungen
Poeten Beschäftigung mit Shakespeare.

> „Ma chere soeur, [14])
> „It is ten a clock“, beginnt er
> „Thus may we see, how the world wags:
> 'Tis but an hour ago since it was nine;
> And after an hour 't will be eleven;
> And so from hour to hour we ripe and ripe,
> And then from hour to hour we rot and rot. —

> Ne suis je pas un personnage singulier! Je voulois
> t'ecrire qu'il étoit apresant dix heures et d'abord il me
> vient de vers de Shakespeare en tete, et je les jette sur
> le papier....."

Goethe ging damals augenscheinlich schon in gelindem
Shakespeare-Enthusiasmus auf; die angeführte Stelle ist in
der That aus dem Kopfe citiert; Goethe würde sonst dem
gedruckten Texte entsprechend citiert haben:

> „and after one hour more 't will be eleven.“

Im selben Briefe schreibt der von den wohl erst kurz
zuvor gelesenen „beauties“ ganz erfüllte junge Dichter:

> „Mon esprit qui se plait a des reveries [15])

Finds tongues in trees, books in the running brooks,
Sermons in stones and good in every thing."

Und etwas später erinnert er sich der Worte der Gräfin
von Roussillon in „All's well, that end's well" I. 1, indem
er schreibt:

— — — „be check'd for silence, but never tax'd for
speech — — — dit un grand poet." —

Neben dem grossen Dichter, der in einer Auswahl charak-
teristischer Züge den Leipziger Studenten „einzeln und gewaltig traf", musste Goethe begreiflicher Weise mehr, als
neben einem Gottsched, Gellert, Clodius und anderen Zeitgenossen das Gefühl der eigenen Kleinheit und Unbedeutend-
heit haben, wie es sich im Briefe vom 28. April 1766 an
Riese [16]) ausspricht:

> „Es klang von meiner Leier zwar
> Manch stolzes Lied, das aber nicht die Musen
> Und nicht Apollo reichten." —

Und einige Zeilen später:

> „Allein kaum kam ich her, als schnell der Nebel
> Vor meinen Augen sank, als ich den Ruhm
> Der grossen Männer' sah, und erst vernahm,
> Wie viel dazu gehörte, Ruhm erwerben." — — —

Aber Goethe war eine viel zu gesunde Dichternatur, um
sich ganz niederschlagen zu lassen.

Jedenfalls setzte er — neben der Beschäftigung mit
Lessing — die Lektüre Shakespeares nach den „beauties" fort.

Wurde er doch auch durch seinen Freund und Lehrer,
den Maler Oeser, zu dem er im Frühjahr 1766 in Beziehungen
getreten war, auf den in Deutschland eben erst aufgehenden
Stern am Dichterhimmel hingewiesen. Oeser [17]) malte damals
für das neu erbaute Theater in Leipzig, das am 6. October
desselben Jahres mit Schlegels „Hermann" eröffnet wurde,
einen Vorhang mit allegorischen Darstellungen. Er zeigte
den Tempel des Ruhmes, zu dem eine Freitreppe hinanführte.
Zu beiden Seiten standen Sophokles und Aristophanes; zum
Tempel hinan aber schritt auf der Treppe Shakespeare.

Goethe sah den Vorhang vor seinen Augen entstehen;

er musste ihm stets von neuem ein Sporn zur Beschäftigung
mit Shakespeare sein.

Kunde von dieser Beschäftigung giebt ein fünf Verse
langes Citat in einem am 11. Mai 1767 an Cornelia gerichteten Briefe: [18])

„Shakespeares Romeo and Juliet. [19])
Love is a smoke, raised with the fume of
                                        sighs" — — — —
bis: „a preserving sweet."

Unterdessen war die Wieland'sche Shakespeare-Uebersetzung erschienen.

„Sie ward verschlungen, [20]) Freunden und Bekannten mitgeteilt und empfohlen."

Das war jedenfalls im Sommer 1767. Das Verhältnis
zu Catharina Schönkopf hatte das Lustspiel „Die Laune des
Verliebten" gezeitigt. Nun fiel vielleicht in die erste Zeit
von Goethes Bekanntschaft mit der Wieland'schen Uebersetzung die Abfassung der „Mitschuldigen" in ihrer ältesten,
einaktigen, oft derben Form.

In den Briefen an Behrisch wird Shakespeare wiederholt
erwähnt.

Im September oder October [21]) schrieb er:

„Ich philosophierte im Sack und jammerte ein Dutzend
Allegorien im Geschmack von Schäckespear, wenn er reimt."
— Und am 11. November [22]) 1767 heisst es in einem Briefe
an Behrisch:

„Umsonst, sagt Schäkespear, Schwachheit dein Name ist
Weib, eh' würde man sie unter dem Bilde des Jünglings
kennen."

Schon die veränderte Schreibart des Namens Shakespeare
und das Citat in deutscher Sprache weisen auf eine neue
Quelle der Goethe'schen Shakespeare-Kenntnis hin: Wielands
Uebersetzung. [23])

Und nun zweifelte er nicht, dem regelmässigen Theater
zu entsagen, — vorläufig freilich nur in Entwürfen.

Goethe war ein eifriger Theaterbesucher. Auf der neu
eröffneten Leipziger Bühne hatte es ihm vor allen anderen

die talentvolle Schauspielerin Demoiselle Schulz als Julia in
Weisse's „Romeo und Julia" angethan. An dem Stücke
selbst hatte er um so mehr zu tadeln, als er jetzt jedenfalls
durch Wieland das Shakespeare'sche Urbild unzerstückelt
kannte.

Und so stieg denn in dem jungen Dichter der kühne
Plan auf, den er in den Briefen vom 17. und 24. October
67 [24]) an Behrisch meldet, — der Plan, einen neuen „Romeo" [25])
zu schreiben.

Der Plan wurde wieder aufgegeben; Goethe hat ihn aber
jedenfalls eine zeitlang mit sich herumgetragen.

Wer Goethes Art, gewaltige Eindrücke, die auf ihn ein-
stürmten, — aber auch sein tadelndes Urteil durch dichten-
des Schaffen vor sich selbst ins Klare zu stellen, — wie wir
es in der Strassburger Zeit noch deutlicher schon werden, —
wer diese Eigentümlichkeit Goethes kennt, der weiss, welche
Bahnen unser Dichter in seinem „Romeo" einzuschlagen ge-
dachte.

Er wollte augenscheinlich „dem regelmässigen Theater
entsagen" und im Gegensatze zu dem Vertreter desselben,
Weisse, ein Trauerspiel in Shakespeares Art schreiben, ohne
die „kerkermässig ängstliche" Einheit des Ortes und die „als
lästige Fesseln der Einbildungskraft" empfundenen Einheiten
der Zeit und der Handlung innezuhalten.

Dass er sich noch zu schülerhaft vorkommen musste, um
seinen Entwurf auszuführen, würde verwundern können, wenn
wir sehen, mit wie keckem Selbstbewusstsein er sich neben
Weisse stellt. Nicht dieser letztere, sondern der grosse Britte
nahm ihm den Mut, als Wettbewerber mit einem „Romeo"
in die Bahn zu treten.

Der Einfluss Shakespeares auf Goethe in dieser Zeit ist
jedenfalls ein stärkerer, als man angenommen hat. Wenn
Goethe in „Dichtung und Wahrheit" [26]) später sagt:

„Kommt man nun gar der höchst verdienstlichen Uebersetzung Shakespeares mit dem Ausruf entgegen: ‚Von Rechts-
wegen sollte man einen Mann, wie Shakespeare, gar nicht
übersetzt haben'. so begreift sich ohne Weiteres, wie unend-
ich weit die allgemeine deutsche Bibliothek in Sachen des

Geschmacks zurück war, und dass junge Leute, von wahrem
Gefühl belebt, sich nach anderen Leitsternen umzusehen
hatten", —

so drückt Goethe damit die Ansichten seiner Jugendzeit
sehr gemässigt aus, was allerdings nicht Wunder zu nehmen
braucht, wenn man den in sich selbst abgeschlossenen, ge-
reiften Charakter Goethes zu Anfang des neunzehnten Jahrhunderts sich vergegenwärtigt, — zu der Zeit, da er die Er-
lebnisse seiner Jugend in „Dichtung und Wahrheit" nieder-
schrieb.

Wenn Goethe noch nicht in eigenen Dichtungen seine
durch Shakespeare umgewandelten Anschauungen zum Ausdruck brachte, so war daran einerseits das unruhige Leben
in Leipzig, andererseits der noch gar zu überwältigende Eindruck Shakespeares Schuld, der dem jungen Dichter naturgemäss nicht viel Ruhe zu eigenen Dichtungen liess. Dazu
gesellte sich schliesslich im Sommer 1786 eine schwere Er-
krankung, die ihn zwang, sich aufs Aeusserste zu schonen.

Körperlich leidend und daher seelisch verstimmt kehrte
er im August 1768 nach Frankfurt ins elterliche Haus zurück. Dieser krankhafte Zustand prägt der Frankfurter Zeit
von 1768—1770 ihren Stempel auf.

Während des Frankfurter Aufenthaltes entstand jedenfalls die Umarbeitung der „Mitschuldigen", die jetzt statt der
älteren einaktigen Form die Einteilung in drei Aufzüge er-
hielten.

An Shakespeare erinnern sie kaum, wenn man nicht etwa
in dem Aufgeben der einaktigen Gestalt den Einfluss der
freieren brittischen Bühne sehen will, und vielleicht in den
Worten Söllers:

„Es wird mir siedend heiss. — So war's dem
Doktor Faust
Nicht halb zu Mut, nicht halb war's so
Richard dem Dritten! —"[27])

eine Erinnerung an Shakespeares Tragödie erblickt.

Doch hat sich Goethe sicher auch in Frankfurt mit dem
grössten Dramatiker der christlichen Welt beschäftigt, für
dessen Verständniss ihm Lessing, den er gerade jetzt fleissig

las, die beste Vorbereitung war. Davon zeugen die Briefe Goethes, die von Frankfurt nach Leipzig in das Oeser'sche und Schönkopf'sche Haus gingen.

Auch Herder vielleicht (Brief vom 14. Februar 69 an Oeser)[28]) und Wieland wurden gelesen. Daneben und vor allem neben Shakespeare musste natürlich die Bardenpoesie gänzlich ungeniessbar erscheinen.

„Lärm und Geschrei[29]) statt dem Pathos, das thut's nicht. Flittergold, und das ist alles!" So urteilte Goethe über sie.

Wir sehen daraus, wie stark bereits der echte Shakespeare'sche Realismus und seine naturwüchsige Kraft auf Goethe eingewirkt hatten, so dass der noch nicht zwanzigjährige Jüngling, — aufgewachsen in der Geschmacksverirrung seiner Zeit, — so klar die echte Kraft von der falschen, wahrhafte Grösse von hohlem Prunke zu unterscheiden wusste.

Shakespeare wird in dieser Zeit wenig erwähnt; aber wo er erwähnt wird, geschieht es in einer Weise, die Goethes Stellung zu ihm deutlich kennzeichnet.

An Oeser schreibt Goethe in dem bereits vorhin erwähnten Briefe:[30]) „Voltaire hat dem Shakespeare keinen Tort thun können, kein kleinerer Geist wird einen grösseren überwinden."

Und am 20. Februar 1770 heisst es in einem Briefe an Reich:[31]) „Empfehlen Sie mich meinem lieben Oeser. Nach ihm und Schäkespearen ist Wieland noch der einzige, den ich für meinen echten Lehrer erkennen kann; andere hatten mir angezeigt, dass ich fehlte, diese zeigten mir, wie ich's besser machen sollte."

Neben diesen für Goethes Shakespeare-Verehrung bezeichnenden Stellen finden wir in den, im Jahre 1770 begonnenen „Ephemerides"[32]) eine Bemerkung die wir in die Frankfurter Zeit versetzen müssen, da sie sich auf der dritten Seite des tagebuchartigen Heftes findet, während auf der fünften Seite der Februar als Datum angegeben ist. Die Stelle lautet:

„Romeo und Julie ist eben das Süjet von Pyramus und Thisbe."

Und vielleicht noch in Frankfurt, jedenfalls aber zwischen
März und Mai 1770 notierte Goethe (auf Seite 13 und 14
des Ephemeriden-Heftes), um sich zu erinnern: „Richard II.
von Shakespear, V. Aufzug, II. Scene", und „Diogenes von
Sinope dialogirt sehr in der Manier von John Falstaff. Oft
eine Laune, die mehr Wendung als Gedanke ist", — und
endlich ein längeres Citat aus „König Johann" IV., 2.

Jedenfalls begannen die Werke Shakespeares schon damals bei Goethe als heilsames Gegengewicht gegen das regel-
mässige, französische Drama zu wirken. Noch schärfer sollte
diese Wirkung Shakespeares in der folgenden Strassburger
Periode hervortreten.

Durch eine Erscheinung aber ist diese Epoche von jener
früheren scharf getrennt. Neben Shakespeare treten als eben-
bürtige Bildungsquellen Goethes die Griechen und das Volkslied.

Sie eröffnen seinem Geiste den Ausblick in weite, ihm
bisher so gut wie ganz fremde Gebiete.

1770—1775.

Am 2. April 1770 kam Goethe in Strassburg an, um dort nach dem Wunsche seines Vaters sich zur Promotion vorzubereiten.

Diese Zeit in Strassburg, — dieser alten deutschen, damals aber in französischem Besitze befindlichen Stadt, — war von der grössten Bedeutung für Goethes Entwickelung.

Wir müssen es uns versagen, an dieser Stelle näher auf Goethes Leben und Arbeiten in Strassburg einzugehen, sofern nicht ein unmittelbarer Zusammenhang mit unseres Dichters Shakespeare-Studium und -Verständnis nachweisbar ist.

In Strassburg begann Goethe sich eifriger als bisher mit der Jurisprudenz, die nach seinem eigenen[33]) Geständnisse ihm sehr zu gefallen anfing, zu beschäftigen. Die rein praktische Art, wie er sie betrieb, mag in ähnlicher Richtung gewirkt haben, wie der Realismus eines Shakespeare. Die in kraftvoll geistreicher Weise verfassten Verteidigungsschriften des späteren Advokaten Goethe[34]) können als Beweis hierfür dienen.

Das nebenbei betriebene Studium der Medizin kann auch als eine glückliche Ergänzung angesehen werden.

In diese Zeit nun fiel die erste Bekanntschaft mit Herder,[35]) den seine „Fragmente" und die „Kritischen Wälder" berühmt gemacht hatten.

Herder, der in den ersten Tagen des September 1770 in Strassburg angekommen war, glühte damals in erster Begeisterung für Shakespeare und das Volkslied, zugleich aber auch für die grossen griechischen Dichter. Und mit derselben Flamme wusste er seine Umgebung zu durchwärmen. Vor allen anderen wurde Goethe von diesem Feuer erfasst.

Auf Hamann, Ossian, Goldsmith, Sterne, Swift und besonders auf Homer und Shakespeare wies Herder[36]) unaufhörlich hin.

Mögen andere, wie der unglückliche Lenz, sich lauter geberdet haben, — bei keinem von ihnen wirkte Shakespeares

Geist so befruchtend, wie bei Goethe. Neben das durch
Herder geförderte Studium Homers trat in erhöhtem Masse
die Beschäftigung mit den von Herder empfohlenen Engländern, — besonders mit Shakespeare.

Herder war mit der Blumenlese, welche Dodd aus Shakespeares Werken veranstaltet hatte, ganz und gar nicht zufrieden und die Wieland'sche Uebersetzung erschien ihm als
durchaus ungenügend für das Verständnis des grossen Britten.

Durch metrische Uebersetzungen [37]) von Liedern aus
Shakespeare hatte er versucht, einem Hauptübelstande der
bisherigen deutschen Shakespeare-Ausgabe abzuhelfen. Goethe
wurde natürlich mit diesen Shakespeare-Liedern [38]) bekannt
gemacht.

Vor allem aber ward er jetzt auf den Originaltext des
grössten modernen Dramatikers hingewiesen.

Goethe selbst erzählt in „Dichtung und Wahrheit" [39])
von der grossen Wirkung, die in jener Zeit Shakespeare auf
ihn und seinen Freundeskreis, — auf Männer wie Lenz und
Lerse — ausübte; wie man in Uebersetzungen und Nachbildungen — besonders von Clownspässen — mit ihm zu wetteifern suchte.

Herders Shakespeare-Aufsatz [40]) und Lenzs Anmerkungen
über das deutsche Theater. sowie seine (1774 gedruckte) Uebersetzung von „Love's labour 's lost" bildeten sich damals bereits in ihren Grundzügen.

Der Kreis, in welchem Goethe verkehrte, wendete sich
immer mehr vom französischen Wesen ab. Die gotische Baukunst, die Thaten Friedrichs des Grossen, Volksdichtung und
die englische Litteratur wurden im Gegensatze zu der bejahrten und vornehmen französischen Kunst das Panier, um
das man sich scharte.

Herders Aufenthalt in Strassburg, der bis gegen Ostern
1771 dauerte, war für Goethe von hohem Werte.

Wie sehr Herder sich von den übrigen Shakespeareomanen
des Strassburger Kreises unterschied, das sagt Goethe selbst
in „Dichtung und Wahrheit" mit wenigen, aber klaren Worten:

„Herder dringt in das Tiefere von Shakespeares Wesen
und stellt es herrlich dar; Lenz beträgt sich mehr bilder-

stürmisch gegen die Herkömmlichkeit des Theaters und will
denn eben all und überall nach Shakespeare'scher Weise ge-
handelt haben."

Dieser Unterschied Herders von Lenz und den übrigen
Mitgliedern des in Strassburg vereinten Freundeskreises war
es auch, der Herder veranlasste, die Griechen neben den
Britten zu stellen, wodurch Goethe die hauptsächlichste För-
derung erfuhr.

Dazu kam noch ein Umstand von der grössten Wichtig-
keit für Goethes dichterische Entwickelung nach der Seite des
Natürlichen und Deutschen hin: die Bekanntschaft mit Fri-
derike Brion in Sesenheim. Eine leidenschaftliche Liebe ist
für den Dichter ein treffliches Erziehungsmittel zur Natür-
lichkeit.

Alle diese Faktoren wirkten zusammen, um mehr und
mehr in den Mittelpunkt von Goethes geistigem Interesse den
grossen Shakespeare zu stellen und Goethe zu der später von
ihm offen bekannten Ansicht zu drängen, dass die charak-
teristische Kunst [41]) die einzig wahre sei.

In dieser Zeit scheint denn auch dasjenige Werk Shakespeares, das Goethe auch später noch lockte, sich näher mit
ihm zu beschäftigen, den jungen Dichter besonders angezogen
zu haben. Wir meinen den Hamlet. In den „Ephemerides"
findet sich ein — wahrscheinlich zu Anfang des Jahres 1771
geschriebener — vergleichender Auszug aus dem „Phädon" [42])
Mendelssohns und dem des Platon.

Die nahe Verwandtschaft der darin besprochenen Ideen
mit Hamlet'schen Gedanken, die ausführliche Betrachtung über
den Selbstmord und über die „entsetzliche Kluft zwischen Sein
und Nichtsein, die von der Natur der Dinge nicht überspon-
nen werden kann", alles dies lässt wohl den Schluss als naheliegend zu, dass Goethe dabei den Hamlet im Auge hatte und
das Studium des „Phädon" in ursächlichem Zusammenhange
mit Shakespeares Drama stand.

Bestärkt wird diese Annahme, wenn wir sehen, wie Goethe
bald darauf — im Sommer 1771 —, [43]) als die Familie Brion
während Goethes letzten Vorbereitungen zur Promotion nach
Strassburg gekommen war, in derselben Art, wie Herder

seiner Braut gegenüber, seiner Sesenheimer Freundin ein
Schulmeister über Shakespeare wird und im Kreise der Familie Brion den „Hamlet" in einem Abende vorliest unter
grossem Beifall der Zuhörer und besonders zur freudigen, mit
einem leisen Stolz gemischten Genugthuung Friederikens.

Wichtiger für uns ist ein von Goethe später aufgegebener
Plan eines Dramas „Cäsar". — [14]) Wie Goethe über die ge-
schichtliche Gestalt Cäsars dachte,[15]) geht deutlich hervor aus
Goethes Worten, mit denen er in der „Geschichte der Far-
benlehre" als „die abgeschmackteste That, die jemals begangen
worden", — die Ermordung Cäsars bezeichnet, und wenn er
in der Erklärung zweier Porträts des römischen Imperators
im zweiten Versuch von Laverters „Physiognomischen Fragmenten" (1776) sagt: „Ich bin nicht in der Stimmung von
Cäsarn zu reden; und wer kennt nicht Cäsarn ohne mein
Stammeln?" — und ihn dann „den ersten unter den Menschen" nennt, — „weise, thätig, erhaben über alles sich
fühlend, Sohn des Glücks, bedächtig schnell, — Inbegriff
aller menschlichen Grösse!" —

In Leipzig schon hatte Goethe einem schwachen Drama
Weisse's, — wie Woldemar von Biedermann mit Recht sagt.
„in produktiver Kritik", — eine eigene Arbeit entgegenstellen
wollen, war aber von diesem Plane zurückgetreten, weil er
damit zugleich mit Shakespeares „Romeo und Julia" in einen
Wettkampf eingetreten wäre.

Auch jetzt lag es ganz ähnlich. Voltaires Tragödie „la
mort de César" und Shakespeares „Julius Cäsar" forderten
Goethes produktive Kritik heraus. Dass Voltaires Trauerspiel dem jungen Dichter misfiel, kann uns bei Goethes Begeisterung für die freiere Bühne Shakespeares nicht verwundern.
Waren doch auch „Sokrates" und „Mahomet" Gegenstände,
die Goethe später in Konkurrenz mit Voltaire bearbeiten wollte.

In einer Hinsicht aber lag es hier ganz anders, als bei
jenem Plane einer Neudichtung von „Romeo und Julia".

Goethe hatte augenscheinlich nicht blos an Voltaire, sondern auch an dem vergötterten Shakespeare allerlei auszusetzen.

Wenigstens deutet das, was uns von Goethes „Julius

Cäsar" erhalten ist, auf einen von Shakespeares Drama ganz abweichenden Plan hin.

Wie bekannt,. hatte auch Herder[46]) von Shakespeares „Julius Cäsar" die Anregung empfangen, den Stoff in anderer Form zu bearbeiten. Er wollte in den Mittelpunkt seiner Dichtung die Figur des Brutus stellen.

Seit dem Sommer 1771 hatte er sich eingehender mit dem Plane beschäftigt.[46a.]) Sicher aber war der Gegenstand schon früher in Gesprächen mit Goethe berührt worden, was bei Herders lehrhafter Art jedenfalls näher liegt, als eine Mitteilung Goethes an ihn über seine Pläne hinsichtlich des „Faust", des „Götz" und des „Cäsar".[47])

Vielleicht war Herder die Veranlassung gewesen, dass Goethe sich die Möglichkeit vergegenwärtigte und endlich den bestimmten Plan fasste, ein Drama zu schreiben, das von dem des grossen Britten sich wesentlich unterschiede und besonders die Bewunderung Goethes für Cäsars Riesengeist dadurch zum Ausdrucke brächte, dass es Cäsar in den Mittelpunkt der Handlung und des Interesses stellte.

In den Ephemeriden haben sich verschiedene, auf den „Cäsar" bezügliche Aufzeichnungen Goethes erhalten.

Ob die kurze Erwähnung auf Seite 15 des Ephemeriden-Heftes, wie Schöll andeutet, auf das Vorstudium des Stoffes hindeutet, ist freilich sehr zweifelhaft. Ebensowenig können die von Schöll und von Biedermann im Wortlaut angeführten beiden Stellen auf Seite 14 und Seite 16 des Heftes, bei dem gänzlichen Fehlen jeder direkten Beziehung, irgendwie ernstlich für Goethes „Cäsar" in Anspruch genommen werden. Sie würden sonst als Beweis für Goethes Beschäftigung mit „Julius Cäsar" schon im Jahre 1770, vor der Bekanntschaft mit Herder anzuführen sein.

Bestimmt aber waren die auf den beiden letzten Seiten des Heftes niedergeschriebenen Sätze für den „Julius Cäsar" berechnet. Das kurze Zwiegespräch (auf Seite 33) zwischen Pompejus und Sylla giebt eine Umschreibung des bekannten Wortes: Oderint, dum metuant.

Vortrefflich sind die beiden Sätze, in denen Sylla seinen

2

Argwohn gegen den jungen Cäsar zeigt und dabei eine aus-
gezeichnete Charakteristik des aufstrebenden Jünglings giebt.

Man vergleiche die Worte: „Es ist ein Sakermentskerl.
Er kann so zur rechten Zeit respectuos und stillschweigend
dasteh'n und horchen, und zur rechten Zeit die Augen niederschlagen und bedeutend mit dem Kopfe nicken", — — man
vergleiche diese Worte Sylla's mit der Charakteristik, die bei
Shakespeare Cäsar von Cassius giebt, so wird Goethes Beeinflussung durch Shakespeare jedem klar werden; zugleich
aber auch ein Unterschied zwischen beiden.

Hier wie dort die Charakterisierung durch viele, an und
für sich unbedeutende Einzelzüge, die erst durch ihr Zu-
sammenwirken Eindruck machen; — hier wie dort eine ab-
sichtliche Auswahl solcher Züge, die dem zu charakterisieren-
den Gegenstande ziemlich fern liegen. Aber bei Shakespeare
Züge der verschiedensten Art, — bei Goethe eine Schil-
derung der Person in einem bestimmten Augenblicke mit
Erscheinungen, die für den Ehrgeiz, gepaart mit Schlauheit
symptomatisch sind.

Shakespeares Phantasie ist vielseitiger, reicher, —
Goethes Phantasie einheitlicher, plastischer.

Sodann ist uns noch ein Zwiegespräch, oder wenigstens ein
Ansatz dazu, zwischen Cäsar und dem Augur Servius überliefert.

Cäsar tritt uns darin als der hoffnungsfreudig heran-
wachsende Jüngling entgegen, der um ein braver Mann zu
werden und zu bleiben, sich bis an's Ende grosse, ehrenwerte
Feinde wünscht.

Und — charakteristisch für den jungen Shakespeare-En-
thusiasten, der es seinem Vorbilde überall an Naturalismus
gleich thun möchte! — muss diesen Wunsch der Augur zum
glücklichen Zeichen beniesen!

Wahrscheinlich dem Sylla zugedacht waren die letzten
Worte des Tagebuchs: „So lang' ich lebe, sollen die Nichts-
würdigen zittern, und sie sollen das Herz nicht haben, auf
meinem Grabe sich zu freuen."

Der ganze Ton dieser kurzen Proben erinnert an die
Wieland'sche Uebersetzung des Shakespeare, die dem jungen
Dichter des grossen Britten Werke in einfacher Prosa ver-

mittelt hatte. Dass Goethe ganz anders über die Prosa-
Uebertragung Wielands urteilte als sein Freund und Förderer
im Shakespeare-Studium Herder, wissen wir aus den oben
angezogenen Stellen aus „Dichtung und Wahrheit" und aus
den Briefen an Oeser und an Reich; und am 18. Februar
1813 bestätigte Goethe dieses frühere Urteil in seiner Rede
zu Wielands Gedächtniss. Goethe war des Englischen allerdings mächtig, aber auf seinen Stil musste naturgemäss die
deutsche Uebertragung, — noch dazu aus der Feder eines Wieland, — einen viel stärkeren Einfluss ausüben als das Original.

Noch mehr als im Stil erkennen wir aber den Einfluss
Shakespeares im ganzen Aufbau, soweit wir ihn nach den ge-
ringen Bruchstücken beurteilen können.

Cäsar ist als die Hauptperson gedacht; — ich sage ab-
sichtlich nicht:'als der „Held", — denn was wir mit dem
technischen Ausdrucke als „Held der Handlung" bezeichnen, das ist Cäsar nicht. Aber er ist der Mittelpunkt des
Stückes, wie Goethe es sich gedacht haben mag, — nicht der
dramatische, aber der historische Mittelpunkt. Als Jüngling
neben Sylla und Pompejus sehen wir ihn zuerst; — unter den
Händen der Verschworenen sollte er fallen, wenn das Stück
zum Ende gekommen wäre.

Man sieht, es ist eher die Anlage für einen Roman als
für ein Trauerspiel vorhanden. Goethe selbst hat es in der
später zu besprechenden Rede zum Shakespeare-Tage gut
charakterisiret, wenn er mit den oft citierten Worten sagte:
„Ich zweifelte keinen Augenblick, dem regelmässigen Theater
zu entsagen. Es schien mir die Einheit des Ortes so kerkermässig ängstlich, die Einheiten der Handlung und der Zeit
lästige Fesseln unserer Einbildungskraft."

Darin ging nun Goethe vorläufig entschieden viel zu weit;
er selbst sah es bald genug ein, wie wir weiter unten dar-
legen werden.

Zunächst muss uns die Frage interessieren: Wie weit ist
Goethes „Cäsar" gediehen? — Wir müssen, um alles zusammen stellen zu können, was sich auf diesen Punkt bezieht,
die streng zeitliche Anordnung auf einen Augenblick durch-
brechen, und bis in eine später liegende Periode hinüber greifen.

Stöber [48]) hat in seinem Buche über den Aktuar Salzmann einen Brief Goethes veröffentlicht, der, begleitet von
einem Packet, an den Lieutenant Demars in Neu-Breisach ge-
richtet war.

Das in dem Briefe erwähnte Packet war ein Goethe'sches
Drama, das nach des Verfassers eigener Bemerkung „sein
Glück unter Soldaten machen müsse", wenn auch vielleicht
nicht unter Franzosen. Stöber nimmt an, dass der Brief noch
von Strassburg aus geschrieben sei, und deutet auf den „Götz"
hin. Diese Hindeutung auf den „Götz" wäre unbedingt ganz
unbegründet, wenn das Drama und der Brief wirklich von
Strassburg aus nach Neu-Breisach gewandert wäre.

In „Dichtung und Wahrheit" [49]) sagt Goethe ausdrücklich, dass er erst in Frankfurt von seiner Schwester ange-
spornt, „eines Morgens zu schreiben angefangen, ohne dass
er einen Entwurf oder Plan vorher aufgesetzt hätte."

Dies wird auch anderweitig [50]) genugsam bestätigt.

Hettner, [51]) der den Brief erwähnt, wendet sich unter
Hinweis auf den Briefwechsel Goethes mit Salzmann ebenfalls
gegen die Annahme Stöbers in bezug auf den „Götz". Mit
einem gewissen Recht.

Denn, wenn wirklich der Brief aus dem Jahre 1771
stammte, wie Stöber und Hettner annehmen, so wäre das
darin erwähnte Drama nicht der „Götz", sondern ein für uns
bis jetzt verlorenes Drama Goethes, der „Cäsar".

So vermutet Hettner, und falls die Voraussetzung richtig
wäre, mit gutem Grunde.

Denn in der That: „auch hier ein soldatischer Stoff, und
eine so durchaus shakespearisierende Haltung, dass die Be-
fürchtung, vor französischen Augen nicht Gnade zu finden,
völlig am Orte war." (Hettner a. a. O. S. 142.)

Stöber und Hettner mit ihm, irren sich beide. Die Voraussetzung ist augenscheinlich falsch. Der erwähnte Brief
an Demars ist von Frankfurt aus geschrieben und stammt
aus dem Sommer 1773. Im „Jungen Goethe" und der
Weimarer Goethe-Ausgabe (1887) ist ihm bereits die gebüh-
rende Stelle angewiesen.

Die Hindeutung auf den Schlittschuhlauf in dem Briefe

ist ausschlaggebend; in „Dichtung und Wahrheit"[53]) erzählt uns Goethe ausdrücklich, dass er diese Körperübung erst nach der Strassburger Zeit begonnen habe.

So verlockend der Gedanke Hettners auch sein mag, hier die Spur eines shakespearisierenden Dramas vor dem „Götz" zu erblicken, so können wir uns leider doch dieser Hypothese nicht anschliessen.

Goethe schickte nicht den „Cäsar", sondern den „Götz", — und nicht 1771, sondern 1773 an Demars.[54])

Da der „Cäsar" in Goethes Phantasie Wurzel fasste in jener ersten Zeit des eingehenderen Shakespeare-Studiums unter Herders Einflusse, so sei es uns vergönnt, die weitere Entwickelung des Cäsar-Planes, soweit wir davon wissen, an dieser Stelle im Zusammenhange mit jener Entstehungszeit kurz zu besprechen, obschon wir dabei bis in das Jahr 1782 und nach Weimar geführt werden.

Am 1. Juni 1874, schreibt Goethe an den Konsul Schönborn[55]) in Algier jenes interessante Resumé über seine schriftstellerische Thätigkeit in jener Zeit. Darin heisst es: „Mein Cäsar, der euch nicht freuen wird, scheint sich auch zu bilden."

Wir werden sehen, was Goethe zu der Annahme bewog, dass der „Cäsar" die Freunde nicht freuen werde. Schöll (a. a. O.) hält es für möglich, — Freiherr von Biedermann hielt es in dem Aufsatze über „Goethes Cäsar" (a. a. O.) seiner Zeit noch für wahrscheinlicher, dass an Stelle des „nicht" ein „recht" zu lesen sei, und die „Weimarer Goethe-Ausgabe" schreibt anstatt dessen „einst"; was wir hier kurz erwähnen wollen.

Am 4. Februar 1775 war der Herzog Karl August von Sachsen-Meiningen[56]) auf der Durchreise in Frankfurt und zog Goethe zur Tafel. Er notierte in seinem Reisetagebuche, dass er von Goethe erfahren habe, er arbeite an einem Operntexte und einem Trauerspiele „Tod Julius Cäsars".

Und nicht lange darauf, am 15. Juni 1775 schreibt Bodmer[57]) an Schinz über ein Zusammensein mit Goethe in Zürich: „Er hat Brutus und Cassius für niederträchtig erklärt, weil sie den Cäsar ex insidiis, von hinten, um das Leben gebracht haben. Ich sagte, dass Cäsar durch sein Leben nichts anderes gethan, als die Republik, seine Mutter getötet, und die meiste Zeit durch falsche Wege. Cicero ist nach ihm ein blöder Mann, weil er nicht Cato war."

Wieland erzählt hinsichtlich des „Cäsar",[58]) dass Goethe die Weimarer Freunde mit einem Entwurf des Dramas bekannt gemacht habe, doch muss ich mich, da mir der Bericht Wielands nicht bekannt ist, auf Biedermanns Angaben in seinem oft erwähnten Aufsatze [59]) allein verlassen.

Ferner wird Goethes Cäsar als ein in der Arbeit befindliches Werk, das aber dem Publikum nur durch Hörensagen bekannt ist, noch kurz erwähnt von Meissner im dritten Stücke des „Theater-Journals für Teutschland vom Jahre 1777", wo Meissner erklärt, auf die Fortsetzung seines eigenen „Cäsar" zu verzichten, weil Goethe denselben Stoff bearbeitete; Merk spricht in der ersten Nummer (S. 84) des „Teutschen Merkur 1778" seine Verwunderung darüber aus; und Wieland berichtet am 14. Mai 1778 an Merk über einen Brief, den er deshalb von Meissner erhalten habe.[60]) Die interessanteste Spur von Goethes „Cäsar" finden wir jedoch viel später.

Am 26. Februar 1782 schrieb Goethe in sein Tagebuch:[61]) „Heimlich Gericht. Brutus."

. Von da ab hören wir Authentisches nicht mehr über das älteste von Shakespeare beeinflusste Drama Goethes. ·

Goethe beabsichtigte in Strassburg, ein Drama „Cäsar" ganz im Stile der Historien Shakespeares zu schreiben. Wie Goethe seinen grossen „Freund" Shakespeare damals verstand, erkennen wir neben der bekannten Stelle aus der Rede zum Shakespeare-Tage am deutlichsten aus einer Rezension in den „Frankfurter gelehrten Anzeigen" von 1772 über das Trauerspiel eines Ungenannten „Cymbeline", einer Rezension, die jedenfalls zu den unanfechtbar Goetheschen gehört.[62])

Goethe sagt über das genannte Trauerspiel, das eine Nachahmung des gleichnamigen Werkes von Shakespeare ist, in der ihm eigenen lebhaften Redeweise: „Shäkespear, der den Wert einiger Jahrhunderte in seiner Brust fühlte, dem das Leben ganzer Jahrhunderte durch die Seele webte! — und hier — Comödianten in Zendel und Glanzleinewand,

gesudelte Coulissen. Der Schauplatz ein Wald, vorn ein
dichtes Gebüsch, wodurch man. in eine Grotte geht, im Fond
ein grosser Stein von Pappe, auf dem die Herren und Damen
sitzen, liegen, erstochen werden etc. So würde Sophokles die Sachen behandelt haben! Es ist schon ein
ganz ungeniales Unternehmen, das Shäkespears Stücke, deren
Wesen, Leben der Geschichte ist, auf die Einheit der
Sophokleischen, die uns nur That vorstellen, reduciren will;
nun aber gar so, nach der Abhandlung vom Trauerspiel in
dem ersteren Teil der älteren Leipziger Bibliothek zu modeln!
Wir sind gewiss, dass es jeder — auch nur Leser Shäkespears mit Verachtung aus der Hand werfen wird."

Diese Stelle ist geeignet, uns bis zu einem gewissen
Grade Aufschluss zu geben über die Art, in der Goethe
seinen „Cäsar" gestalten wollte.

Auch hier handelte es sich um ein Shakespeare'sches
Drama, das von der Hand eines unberufenen Dichters in Anlehnung an Gottsched und die Franzosen verunstaltet war,
wie Voltaire es mit dem „Julius Cäsar" gethan hatte.

Goethe, der damals selbst mit dem Gedanken sich trug,
in „Cäsar" einen Shakespeare'schen Stoff neu zu bearbeiten,
hatte sich natürlich seine feste Meinung gebildet, wie man
bei einer solchen Nachdichtung, insbesondere, wie er mit dem
„Cäsar" zu verfahren habe, um der ursprünglichen Dichtung
gerecht zu werden, ihr nicht nachzustehen. In der ihm damals vorliegenden Bearbeitung des Cymbellin-Stoffes war nun
der Nachdichter weit hinter dem Werke Shakespeares zurück-
geblieben, und indem Goethe darlegt, was an der Neubear-
beitung im Vergleiche zu Shakespeare verfehlt ist, giebt er
uns an, wie er selbst einen von dem grössten Dramatiker
bearbeiteten Stoff behandelt haben würde.

Im „Götz" hat Goethe durch die That gezeigt, was er
als charakteristisch für Shakespeares Grösse hält: Verachtung
aller äusserlichen Einheit, durch Dekoration notdürftig hergestellt, ohne inneren Zwang.

Schon Johann Elias Schlegel [63] — und nach ihm Lessing [64] hatten das als zwecklos getadelt. Ferner hebt Goethe

als kennzeichnend für Shakespeares Art hervor: er stelle dar
Leben der Geschichte, Sophokles nur die That.

Goethe, der zwar durch Herder soweit gefördert worden
war, dass er den Homer fast ohne Uebersetzung[65]) lesen
konnte, als er Strassburg verliess, Goethe, der sich gerade im
Juli 1772[66]) mit Xenophon, Platon, Theokrit, Anakreon und
Pindar beschäftigte, war nicht genug Kenner des Sophokles,
um ein Urteil, wie das hier gefällte, verantworten zu können.[67])

Er sah die griechischen Dramatiker doch noch immer bis
zu einem gewissen Grade durch das Medium der französischen
Bühne an, obwohl er jene bei Gelegenheit des Shakespeare-
Tages zu dieser rühmend in Gegensatz stellt.

In dieser falschen Auffassung befangen, vielleicht in noch
höherem Masse als zur Zeit der Abfassung jener Rezension,
war Goethe in Strassburg an den „Cäsar" herangetreten.
„Leben der Geschichte", nicht bloss „Thaten" wollte er darstellen. Ihm musste der „Julius Cäsar" Shakespeares im
Vergleich zu den Historien-Dramen viel zu regelmässig, viel
zu sehr der „Einheit der Sophokleischen Stücke" angenähert
erscheinen. Sicher hat Goethe das „Leben der Geschichte" im Gegensatze zur blossen „That" als Gehalt
der dramatischen Kunst in erster Linie in der breiteren Ausmalung psychologischer Einzelheiten — (die Ephemeriden be-
zeugen es) — dargestellt sehen wollen, in einer Art Genre-
Malerei, wie er sie im „Götz" so oft anwandte. Im Grunde
genommen mehr zum Epiker und Lyriker[68]) geschaffen, wenn
ihm auch die dramatische Kraft in glücklichen Augenblicken
nicht fehlte, hat Goethe auch hier die seiner Natur ver-
wandtere Seite Shakespeare'schen Geistes besonders stark
aufgefasst. Ich bin überzeugt, Goethes „Cäsar" in jener
ältesten Strassburger und Frankfurter Zeit bis 1772 wäre ein
echtes Historienstück in mehreren, in zwei oder drei Teilen
geworden. Das ergiebt sich schon daraus, dass wir in den
wenigen Bruchstücken der Ephemeriden Cäsar als noch knaben-
haften Jüngling neben Sulla und Pompejus sehen. Goethe
würde uns sein Heranreifen geschildert haben, wie er nach
Sullas Tode erst mit — dann gegen Pompejus sich herauf

arbeitet, wie er als Herrscher der Welt dasteht, „der erste unter den Menschen", — „Inbegriff aller menschlichen Grösse."

Um dieses darzustellen, ohne dem Leser oder Zuschauer gar zu arge Schwierigkeiten in der Auffassung zuzumuthen, war unbedingt eine zweiteilige Anordnung nötig.

Cäsars Tod konnte sich allenfalls in den zweiten Teil als Inhalt des letzten Aufzuges einfügen lassen, doch musste dies als sehr ungeeignet erscheinen, um so mehr, als Goethe nicht blos „That", d. h. dramatische Handlung darstellen wollte, sondern besonderen Wert auf das bei Shakespeare so sehr bewunderte „Leben der Geschichte" legte.

Die ausserordentliche Länge, die hieraus für jeden einzelnen Teil entstehen musste, und die bessere Möglichkeit, der geschichtlichen Grösse des thatenreichen Lebens Cäsars gerecht zu werden, drängte jedenfalls den Dichter, einen dritten Teil zu planen.

Aber der „Götz" liess den „Cäsar" in den Hintergrund treten. Bei der Besprechung des „Götz" werden wir aufzuweisen haben, wie das vom „Cäsar" Gesagte auch dort zutrifft.

Herder war es, der den jungen Dichter des „Gottfried von Berlichingen" im Sommer 1772 darauf aufmerksam machte, dass ihn Shakespeare ganz verdorben.[69])

Die gleichzeitige Beschäftigung mit den Griechen wirkte ähnlich, wie Herders Tadel.

Goethe lenkte ein. Schon am 11. Februar 1773[70]) konnte er an Kestner melden, dass er „ein stattlich Stück Arbeit zum Druck bereite." Es war die neue Bearbeitung „Götz von Berlichingen", mit der ersten, damals noch ungedruckten, verglichen ein bedeutender Schritt zum regelmässigen Theater hin.

Und „Clavigo", der im Frühsommer 1774 folgte, hielt sich so vollständig in den Grenzen des Bühnenstücks, zeugt so sehr für Goethes, damals freilich dem grossen Publikum noch unzugängliches Verständnis der Shakespeare'schen Charaktertragödie, dass selbst Männer wie Merk mit dem vorwärts schreitenden Dichter nicht Schritt zu halten vermochten und,

um Merks Worte zu gebrauchen, es als einen „Quark" an-
sahen, den „die andern auch machen könnten."[71])

Mein Cäsar, der euch nicht freuen wird, scheint sich
auch zu bilden."[72])

Am 1. Juni 1774 schrieb Goethe diese Worte. Nach-
dem wir uns in den Zusammenhang der Goethe'schen Schrift-
stellerei versetzt haben, kann uns diese Stelle nicht einen
Augenblick unklar sein.

Auch der „Cäsar" hatte natürlich alle Wandlungen in
Goethes dichterischen Anschauungen mit über sich ergehen
lassen müssen. Auch er war auf dem Wege, ein Charakter-
stück im echt Shakespeare'schen Sinne zu werden. Rühmte
sich doch Goethe zu jener Zeit in einem Briefe an Fritz
Jacobi[73]) (21. August): er fordere das kritischste Messer auf,
die bloss übersetzten Stellen (im Clavigo) abzutrennen vom
Ganzen, ohne es zu zerfleischen, ohne tötliche Wunde — nicht
zu sagen der Historie — sondern der Struktur, Lebensorgani-
sation zu versetzen!

Goethe war — wir sehen es deutlich — zum vollen Ein-
drucke von Shakespeares eigentlicher Grösse gekommen,
die nicht besteht in der tief empfundenen und durchdachten
psychologischen Wahrheit oder in genrehafter Ausmalung des
Volkslebens, sondern in der geschlossenen Einheit, in der
dramatischen Wucht der zielbewusst sich fortbewegenden Handlung, die mit zwingender Notwendigkeit aus den Charakteren
sich ergiebt.

Ebenso wie bei Merk fürchtete Goethe mit seiner neuen
Richtung auch bei Schönborn kein volles Verständnis zu
finden.

Gewiss hatte er schon zur Zeit des angegebenen Briefes
den Plan der Trilogie endgültig aufgegeben. Im Jahre 1775
jedenfalls scheint er, nach dem Gespräche mit dem Meininger
Prinzen, sich auf den „Tod Cäsars" beschränkt zu haben,
freilich in ganz anderer Art als in Shakespeares Drama. —
Bodmers Bericht bezeugt es zur Genüge. — Biedermanns
Vermutung, Goethes „Cäsar" sei schliesslich im „Egmont"
aufgegangen, ist grundlos.[74])

Im April 1782 vollendete Goethe eine neue Bearbeitung

des schon in Frankfurt in einer Anzahl von Scenen fertig ge-
stellten „Egmont". Einen Monat vorher hören wir zum letzten
male etwas über den „Cäsar", der also durchaus nicht im
„Egmont" aufgegangen war.

Warum gab Goethe den „Cäsar" auf? Der Grund ist
sehr klar, wenn wir alles über den „Cäsar" Bekannte über-
blicken.

Von einer falschen Auffassung Shakespeares ausgehend,
hatte Goethe sein Werk begonnen. Und in eben dem Masse,
wie er im Verständnisse Shakespeares fortschritt, mussten ihm
die Fehler seines eigenen ursprünglichen Planes deutlich werden. Nicht, weil er sich von Shakespeare abgewandt hätte,
schrieb Goethe keinen zweiten „Götz"; vielmehr weil er erst
allmählich Shakespeares wahre Grösse begreifen lernte, wandte
er sich von den Dichtungen seiner Sturm- und Drang-Periode
ab und vollendete auch seinen „Tod Cäsars" nicht. Er hatte
Shakespeare erkannt und wollte deshalb nicht mit dem Un-
erreichbaren wetteifern.

Wir haben bei der Besprechung des Goethe'schen Cäsar-
Planes zeitlich früher Liegendes überspringen müssen, um
stofflich Zusammengehöriges nicht auseinander zu reissen.

Wir kehren jetzt zu unserem Ausgangspunkte, zur Strassburger Zeit zurück.

Herder hatte um Ostern 1771 Strassburg verlassen. Mit
Goethe blieb er in schriftlichem Verkehr. Durch Goethe er-
hielt er von Strassburg aus im Sommer 1771[75]) ein Exemplar
des Shakespeare zugesandt, um es bei der Bearbeitung seines
im Jahre 1773 endlich erschienenen Shakespeare-Aufsatzes zu
benutzen. Und Shakespeare ist jedenfalls die Sonne,[76]) die
Goethe meint, wenn er an Herder schreibt: „Aber das, —
fühlen Sie's ganz, — dass ich lieber Merkur sein wollte, der
letzte, der kleinste vielmehr unter sieb'nen, der sich mit
Ihnen um Eine Sonne drehte, als der erste unter fünfen,
die um den Saturn zieh'n."

Im Briefwechsel aus der Strassburger Zeit finden wir nur
noch einmal eine Erwähnung Shakespeares von Goethes Seite.[79])
„Wer darf sagen: ich bin der Unglückseligste? sagt Edgar",

schreibt Goethe aus Sesenheim an Salzmann in Erinnerung
an „König Lear" IV. 1. —

In Goethes lyrischer Dichtung dieser Zeit ist Shakespeares Einfluss aus naheliegenden Gründen nicht in dem
Masse nachweisbar, wie in den Briefen und im Cäsar-Ent-
wurfe. Aber dennoch will es uns erscheinen, als ob in Liedern, wie dem herrlichen:

„Es schlug mein Herz; geschwind zu Pferde!
Und fort, wild wie ein Held zur Schlacht!
Der Abend wiegte schon die Erde,
Und an den Bergen hing die Nacht", —

als ob, trotz der Ossian'schen Dunst- und Nebelbilder, hier
im Grunde genommen echt Shakespeare'scher Naturalismus
herrsche. Man vergleiche dazu die trefflichen Ausführungen
Wilhelm Scherers in seiner Geschichte der Deutschen Litteratur, die gerade an dieses Lied anknüpfen.

Im August 1771 verliess Goethe als licentiatus iuris [78])
die Universität Strassburg, um schon am 31. August in Frankfurt als Advocat vereidigt zu werden. Kurz vor dem Schei-
den schenkte er seinem Freunde Lenz zum Andenken ein
Exemplar von Shakespeares „Othello" mit der Widmung:
„Seinem und Shakespeare's würdigem Freunde Lenz." [79])

Ein wichtiger Abschnitt in Goethes Entwickelung war
beendet. Eine Zeit des Schaffens und Wirkens begann von
nun ab, die Goethes Namen in kurzer Frist durch ganz
Deutschland berühmt machte. — —

Nach Frankfurt zurückgekehrt, setzte Goethe seine Beschäftigung mit Homer und Shakespeare unbeirrt fort. Daneben fesselte ihn das Volkslied in hohem Masse. In einem
an Herder [80]) gerichteten Briefe (1771) sendet Goethe diesem
zwölf Volkslieder, „aus den Kehlen der ältesten Mütterchens
im Elsass" und fährt dann fort: „Ich soll Sie grüssen und
Sie auf den 14. October invitieren, da Shakespeares Namens-
tag mit grossem Pomp hier gefeiert werden wird. Wenigstens
sollen Sie im Geiste gegenwärtig sein, und wenn es möglich
ist, Ihre Abhandlung auf den Tag einsenden, damit sie einen
Teil unserer Liturgie ausmache." Und kurze Zeit darauf
schreibt er an Herder: „Eschenburg ist ein elender Kerl.

Seine Uebersetzung (der Stellen Shakespeares versteht sich)
verdient keine Nachsicht; sie ist abscheulich. Die Abhandlung selbst hab' ich nicht gelesen, werde auch schwerlich.
Schicken Sie mir Ihre auf den 14. October. Die erste Ge-
sundheit nach dem Will of all Wills soll auch Ihnen ge-
trunken werden. Ich habe schon dem Warwickshirer ein
schön Publikum zusammengepredigt, und übersetze Stückchen
aus dem Ossian, damit ich auch den aus vollem Herzen ver-
kündigen kann."

Herders Aufsatz kam erst später zu Stande. An seiner
Stelle machte Goethes Rede zum „Schäckespears-Tag"[81]) den
Hauptteil der Liturgie aus.

„Erwarten Sie nicht", sagte er (14. Oct. 1771), „dass
ich viel und ordentlich rede. [„Schreibe" steht in der schrift-
lichen Ausarbeitung, anstatt „rede"]. Ruhe der Seele ist kein
Festtagskleid, und noch zur Zeit habe ich wenig über Shakespeare gedacht; geahndet, empfunden, — wenn's hoch
kam, — ist das Höchste, wohin ich es habe bringen können."

Wie vollkommen dies zutrifft, haben wir bei Gelegenheit
des ältesten Cäsar-Planes gesehen.

Es folgt nun die oft angeführte Stelle über Goethes erstes
Bekanntwerden mit Shakespeare, über sein „dem regelmässigen
Theater Entsagen" und über die drei Einheiten. Im weiteren
Verlauf kündet er sodann den „Herren der Regel" und dem
französischen Theater, dem er das griechische — (das er frei-
lich nur notdürftig kannte) — entgegenhält, die Fehde an.
Er wünschte Shakespeares Freund zu sein. Er preist sein
Theater als einen „schönen Raritätenkasten, in dem die Ge-
schichte der Welt vor unseren Augen an dem unsichtbaren
Faden der Zeit vorbei wallt."

Und nun folgt eine Stelle, die als vollgültige Bestätigung
dessen dienen kann, was wir vorhin über Goethes falsche Auffassung Shakespeares sagten, — eine Stelle, die ein eigen-
tümliches Licht auf Goethes Ausspruch wirft, dass Shakespeare „Leben der Geschichte" darstelle, während Sophokles
die „That" vorführe.

„Seine Plane", sagt Goethe, „sind, nach dem gemeinen
Stil zu reden, keine Plane; aber seine Stücke drehen sich

alle um den geheimen Punkt, den noch kein Philo-
soph gesehen und bestimmt hat, in dem das Eigen-
tümliche unseres Ich's, die praetendierte Freiheit unseres
Wollens mit dem notwendigen Gang des Ganzen zusammen-
stösst."

Goethe hat gewiss voll und wahr empfunden, was an
Shakespeare so gross ist; aber es bleibt eben nur, geahndet,
empfunden", — der Ausdruck dieser ahnenden Empfindung
ist noch verschwommen und unklar. Jedenfalls wusste Goethe
jenen „geheimen Punkt" noch nicht zu treffen, als er bald
darauf den „Gottfried von Berlichingen" schrieb.

Wieland und Voltaire werden im weiteren Verlauf getadelt, weil sie Shakespeare angegriffen haben. „Die meisten
von diesen Herren stossen auch besonders an seinen Charakteren an", führt Goethe fort. „Und ich rufe: Natur, Natur!
nichts so Natur als Shakespeares Menschen! Er wetteiferte
mit dem Prometheus, bildete ihm Zug vor Zug seine Menschen nach, nur in kolossalischer Grösse." . . . . „Ich schäme
mich oft vor Shakespeare, denn es kommt manchmal vor,
dass ich beim ersten Blick denke: Das hätte ich anders gemacht; hintendrein erkenne ich, dass ich ein armer Sünder
bin, dass aus Shakespeare die Natur weissagt, und dass meine
Menschen Seifenblasen sind, von Romangrillen aufgetrieben."
Shakespeare vereine die entferntesten Gegensätze. „Er führt
uns durch die ganze Welt; aber wir verzärtelte, unerfahrene
Menschen schreien bei jeder fremden Heuschrecke, die uns
begegnet: Herr, er will uns fressen!"

„Auf, meine Herren!" schliesst Goethe seine Rede, „trom-
peten Sie mir alle edlen Seelen aus dem Elysium des soge-
nannten guten Geschmackes, wo sie halb sind, halb nicht
sind, — Leidenschaften im Herzen — und kein Mark in den
Knochen haben, und weil sie nicht müde genug, zu ruhen,
und doch zu faul sind, um thätig zu sein, ihr Schattenleben,
zwischen Myrthen und Lorbeergebüschen verschlendern und
gähnen." Echte Begeisterung, wenn auch eine fast kritiklose,
spricht aus dieser Rede, die in manchen Ausdrücken lebhaft
an Herder erinnert.

Goethe trug sich augenscheinlich mit dem Gedanken, jedes

Jahr einen solchen Shakespeare-Tag zur Erbauung der Shakespeare - Gemeinde zu veranstalten. Am 21. September 1772,
eben von Wetzlar zurückgekehrt, schreibt er an Johann Gottfried Röderer[82]) in Strassburg: „Wenn Sie es als Theolog
über's Herz bringen können, so versagen Sie mir Ihre Stimme
nicht, da ich bei der Gesellschaft durch Herrn Jung um einen
Ehrentag des edlen Shakespears ansuche." Doch dies nur
beiläufig, um später nicht darauf zurückkommen zu müssen.

In die Zeit kurz nach dem Shakespeare-Tage 1771 fällt
die Ausführung des „Gottfried von Berlichingen" in seiner
ersten Form, — eine Arbeit,[83]) „worüber Homer und Shakespeare und alles vergessen wurde." Herder, dem Goethe das
Stück vorlegte, liess den jungen Dichter ein halbes Jahr mit
der leider verloren gegangenen Antwort warten. Aus Goethes
Brief, Anfang Juli 1772 in Wetzlar geschrieben, können wir
ungefähr den Inhalt des Herder'schen Schreibens erraten.[84])

„Von ,Berlichingen' ein Wort", schreibt Goethe, „Euer
Brief war Trostschreiben; ich setzte ihn weiter schon her-
unter, als Ihr. Die Definitiv, „dass Euch Shakespeare ganz
verdorben", erkannte ich gleich in ihrer ganzen Stärke; genug, es muss eingeschmolzen, von Schlacken gereinigt, mit
neuem, edlerem Stoff versetzt und umgegossen werden." Es
sei „alles nur gedacht", was Goethe auch an „Emilie Galotti"
tadeln zu müssen glaubt, weswegen er „dem Stück nicht gut
sei, so ein Meisterstück es sei, und dem seinen auch nicht."

Herder hatte den Genius Goethes in „Gottfried von Berlichingen" erkannt, so sehr als ebenbürtig erkannt, dass er
kurz nach der Lektüre des Manuskriptes seinen Aufsatz über
Shakespeare, der 1773 in den „fliegenden Blättern von deutscher Art und Kunst" vor das Publikum trat, mit den Worten schloss: „Glücklich, dass ich noch im Ablaufe der Zeit
lebte, wo ich ihn begreifen konnte, und wo du, mein Freund,
der du dich bei diesem Lesen erkennst und fühlst, und den
ich vor seinem heiligen Bilde mehr als einmal umarmt, wo
du noch den süssen und deiner würdigen Traum haben kannst,
sein Denkmal aus unsern Ritterzeiten in unserer Sprache unserem so weit abgearteten Vaterlande herzustellen. Ich be-
neide Dir den Traum und dein edles deutsches Wirken. Lass

nicht nach, bis der Kranz dort oben hange", — -- — —
und dem jungen Freunde, der natürlich Goethe ist, selbst
für den Fall des Mislingens das Urteil der Nachwelt als
Grabschrift prophezeite:

„Voluit! quiescit!"

In Sauers [85]) vortrefflicher Schrift über „Götz und Shakespeare" sind alle Einzelheiten in Redewendungen, Charakteren,
Scenen und Anlage der „Geschichte Gottfriedens von Berlichingen mit der eisernen Hand" und in dem späteren „Götz
von Berlichingen", soweit sie auf das Studium Shakespeares
hindeuten, vollständig aufgeführt worden. Ich glaube mich
deshalb berechtigt, unter Hinweis auf diese eingehendere
Schrift, nur kurz die Ergebnisse der Betrachtungen Sauers
zusammen zu stellen. Mit einer gewissen Vorsicht dürfte vor
allem die von Sauer [85]) und Hense [86]) aufgestellte Vermutung
aufzunehmen sein, dass Adelheid in ihrem Verhältnisse zu
Weislingen, Sickingen und Franz dem Urbilde der Kleopatra
viele Züge zu verdanken habe, ebenso Weislingen dem Antonius. Aehnlichkeiten sind nicht abzuläugnen. Aber Antonius und Kleopatra gehören gerade zu den Figuren Shakespeares, die von Goethe selten erwähnt werden; man könnte
einwenden, Goethe habe als Vorarbeit zu seinem „Cäsar" die
für dieses Stück wichtige Figur des Antonius gewiss besonders eingehend in Shakespeares „Antonius und Kleopatra"
studiert; aber ein besonderer Eindruck dieses Dramas, wie er
doch vorhanden gewesen sein musste, um in Goethes Dichter-
phantasie die Umrisse Adelheids und Weislingens hervorzu-
zaubern, ist aus Goethes Briefen dennoch nicht nachweisbar.
Und nun kommt dazu, dass Hense (a. a. O.) ausserdem Züge
der Lady Macbeth in Adelheid nachzuweisen sucht. Denn in
der That von Kleopatra unterscheidet sich Adelheid in bedeutenden Zügen, die allerdings an Lady Macbeth erinnern.
Aber eine so ziemlich gleich stark an zwei grundverschiedene
Charaktere erinnernde Figur ist doch eine ganz andere als
jede einzelne von ihnen.

Und so schafft ein echter Dichter doch nicht, dass er
einfach seine Gesalten aus verschiedenen fremden zusammen-
schmilzt; vor allen andern ein Goethe nicht! Bei Neben-

figuren und in einzelnen Zügen, vielleicht sogar in wichtigen Einzelzügen von Hauptpersonen oder in der einen und der andern Scene mag unbewusst solche Anlehnung vorkommen. Wenn es sich um Stücke handelt, die besonders gewaltig in die Seele eines anderen Dichters einschlugen, wie „Hamlet" und „Cäsar" es bei Goethe thaten, dann mag eine solche Anlehnung oft sehr weit gehen. Aber wo sich die Situation so klar aus dem Stoffe selbst heraus ergiebt und aus den so sehr gut zu verwendenden Lebenserfahrungen des Dichters selbst, da sollte man doppelt vorsichtig sein, wenn nicht bestimmte Anzeichen vorliegen, dass der Dichter sich an ein fremdes Vorbild gehalten hat.

Zu „Götz" und seiner ritterlichen Umgebung war nötig der Gegensatz Weislingens und des höfischen Lebens. Der treuen Gattin Elisabeth steht ganz naturgemäss die ungetreue, buhlerische Adelheid gegenüber. Um eine Adelheid und einen Weislingen zu schaffen, brauchte Goethe keinen „Macbeth" und nicht „Antonius und Kleopatra" gelesen zu haben.

Dagegen sind einzelne Züge gewiss unbewusste Nachahmung Shakespeares. Götzens Sohn Karl erinnert lebhaft an die Knabengestalten in Shakespeare'schen Dramen, im „Wintermährchen", in den „Lustigen Weibern". Franz's Geist, der der Adelheid kurz vor ihrem Tode erscheint, erinnert an die Erscheinung Banquos im Macbeth. Entschiedene Anlehnung an Macbeth, in der Scene, da die Lady Macduff von dem Unbekannten gewarnt wird, verrät sich in der ähnlichen Scene zwischen Götz und dem Unbekannten, der ihn vor den Bauern warnt. Am deutlichsten aber ist die Aehnlichkeit Liebetrauts [67]) mit den Shakespeare'schen Hofnarren, und endlich die Nachahmung der Scene im fünften Akte des „Julius Cäsar", in der Cassius durch Pindarus vom Hügel herab sich den Gang der Schlacht melden lässt. Auch die eingestreuten Lieder gemahnen an Shakespeare.

Im allgemeinen aber hüte man sich, den Einfluss eines Dichters auf einen anderen allzusehr in solchen vereinzelten Anklängen zu suchen. Es ist nichts natürlicher, als dass ein lebhaft auffassender Geist mancherlei von anderen in sich aufnimmt und gelegentlich reproduziert. So ist es Goethe mit

Shakespeare gegangen, aber so ist es ihm auch unzählige
Male mit gar manchen anderen Dichter geschehen, ohne dass
es jemandem eingefallen ist, solche gelegentlichen Anklänge
als Merkmale eines auf Goethe ausgeübten Einflusses hin-
zustellen.

Dasselbe gilt für jeden beliebigen Dichter, ja für jeden
schaffenden Geist; denn alles Folgende steht auf den Schul-
tern der Vergangenheit:

Wenn es der Mühe wert sein soll, die Beziehungen zwischen zwei Geistern wie Goethes zu Shakespeares zu verfolgen,
so müssen Beeinflussungen auf dem Gebiete der ganzen
künstlerischen Anschauung vorhanden sein; wir werden zu verfolgen haben, wo der eine Dichter sich bewusst
unter den Bann des fremden Geistes stellte, — wo er ihn
nachzuahmen suchte, und wo er von ihm sich mit freiem
Wollen entfernte, — wo er ihn falsch verstand, oder wo er
das falsche Urteil der Mitlebenden berichtigte.

Bei diesem Streben werden uns unwillkürliche Aehnlichkeiten in einzelnen, nicht typischen Zügen, — wie wir sie
vorhin im Anschlusse an Sauers verdienstliche Schrift vor-
führten, und wie Sauer noch eine grosse Zahl bringt, — will-
kommen sein, als Unterstützung unserer Forschungen;
wir werden sie aber in einer litteraturgeschichtlichen Betrachtung weniger berücksichtigen, als es von dem Verfasser einer
streng philologischen Studie verlangt werden muss.

A. W. Schlegel [88]) hat über den „Götz“ gesagt, man
sehe „in diesem Schauspiele nicht Nachahmung Shakespeares, sondern die durch einen genialischen Schöpfer in
einem verwandten Geiste angeregte Begeisterung.“

Er trifft damit den Kern der Sache, freilich mit der Be-
schränkung, dass er unberücksichtigt lässt, dass „Götz“ erst
die zweite Bearbeitung ist.

Goethe hat in der That in seiner dramatisierten „Geschichte Gottfriedens von Berlichingen“ mit freiem Geiste,
begeistert durch Shakespeare und in seinen Kunst-An-
schauungen durch ihn ganz und gar beeinflusst, aber ohne
eine weitergehende bewusste Nachahmung sein Drama geschaffen. Homer und Shakespeare waren, wie Goethe

in dem citierten Briefe an Salzmann schrieb, über dem
Drama ganz vergessen.

Ihn leitete dieselbe Grundanschauung, die wir vorhin bei
Besprechung des verschollenen „Cäsar"-Entwurfes deutlich
zu machen suchten.

„Leben der Geschichte", — „Geschichte der Welt", —
„ein schöner Raritätenkasten", das sind Ausdrücke, die Goethe
von seinem Lehrer Herder auf Shakespeares Stücke ange-
wendet hörte und selbst anwandte, um den weiten Stoffbereich
in den Dramen des Britten zu bezeichnen.

„Natur! Natur! nichts so Natur als Shakespeares Menschen!"

Damit bezeichnet Goethe den zweiten Punkt, den er an
Shakespeares Dichterart bewunderte und nacheifernswert fand,
— im Grunde genommen wohl nur, weil er sich hierin seinem
grossen Vorbilde congenial fühlte.

Und demgemäss konnte denn auch Goethe dem begeis-
terten Franz im „Gottfried von Berlichingen" keine passen-
dere Charakteristik des Dichters in den Mund legen, als die
Worte:[89]) „So fühl' ich denn in dem Augenblick, was den
Dichter macht: ein volles ganz von einer Empfindung volles
Herz."

Das ist eine ganz Herder'sche Anschauung, der in seinem
Shakespeare-Aufsatze enthusiastisch von „der einzelnen Haupt-
empfindung, die jedes Stück beherrscht und wie eine Welt-
seele durchströmt" spricht, wie er in Strassburg oft genug
mit Goethe, wenn er ihn „vor dem heiligen Bilde Shakespeares umarmte", so gesprochen haben wird.

Bis zu einer gewissen Grenze liegt in dem allem ein gut'
Teil Wahrheit, aber was darin Falsches und Unklares neben
dem Berechtigten halb versteckt liegt, das tritt sofort deutlich
heraus, wenn man liest: „Seine Pläne sind, nach dem gemeinen Stil zu reden, keine Pläne."

Goethe denkt dabei zwar in erster Linie an den Gegensatz zur französischen klassischen Tragödie; aber dieser Gegensatz in den durch Shakespeare in Goethe geweckten Kunst-
ansichten zum Stil des französischen regelmässigen Theaters

tritt in der „dramatisierten Geschichte Gottfriedens von Berlichingen", wie Goethe das Stück im Hinblick auf die „Historien" Shakespeares nannte, viel schroffer hervor, als bei
Shakespeare selbst.

Nicht blos an dem französischen Drama gemessen, auch
neben den Griechen und neben Shakespeare selbst erscheint
der „Gottfried von Berlichingen" als übertrieben planlos. Und
so, wie Goethe in dieser ersten Gestalt des „Berlichingen"
und wie er im „Cäsar" jedenfalls auch die dramatische Form
handhabe, so glaubte er sie auch bei seinem Vorbilde Shakespeare zu finden. — Und zum Teil gewiss durch Herders
Schuld. — Herder hatte freilich nicht daran gedacht, „dialogisierte Geschichte" in den Shakespeareschen Dramen zu
suchen. Er stellt sich in seinem Shakespeare-Aufsatze auf
Lessings Standpunkt, ohne des letzteren Worte zu wieder-
holen. —

Aber Herder, der kein eingehender Kenner der Bühne
und ihrer eigentümlichen Erfordernisse war, wie Lessing, —
Herder wusste zwar geschichtsphilosophische Betrachtungen
bei Shakespeares Dramen anzustellen, — wusste die einzelnen
Schönheiten shakespearescher Dichtung mit feinem Gefühl zu
beleuchten; — aber das dramatische Kompositionsgesetz
Shakespeares in klarer, überzeugender Weise, vor allem in
dramaturgisch für den jungen Dichter verwendbarer Ueber-
sichtlichkeit auszusprechen und herauszuheben, dazu war er
nicht der Mann. Im Shakespeare-Aufsatze findet sich kein
Wort, das praktischen Aufschluss über shakespearesche Dramaturgie gäbe. —

Und wenn Hettner [90]) auch Unrecht hat, indem er behauptet: „Uneingedenk der unumstösslichen Lessingschen Lehre,
dass das Drama nicht dialogisierte Geschichte sei, liess sich
Herder durch die aus Shakespeares Jugendzeit stammenden
Dramen aus der englischen Geschichte, welche noch in der
episierenden Unreife seiner nächsten Vorgänger befangen sind
und daher zu der vollen dramatischen Geschlossenheit der
späteren Meisterwerke in entschiedenem Gegensatze stehen,
leider verlocken, das Wesen der dramatischen Handlung wieder
mit dem Wesen der epischen Begebenheit, oder, wie wir viel-

leicht bezeichnender sagen können, die Einheit der Handlung wieder mit der Einheit der Person zu vermischen" — so liegt die Schuld daran, dass Herder von Goethe missverstanden wurde, wie er von Hettner missverstanden worden ist, sicher in erster Linie an Herder selbst, wenn er sich in Strassburg über die Dramaturgie Shakespeares nicht dem jungen Goethe gegenüber ganz anders ausgesprochen hat, als in der gedruckten Abhandlung über Shakespeare und der nächstälteren Niederschrift des Aufsatzes.

Goethe hielt im Jahre 1771 die Einheit der Person für das einzig nötige äussere Kennzeichen eines einheitlichen Dramas. — Die innere Einheit der Handlung verwechselt er mit der Einheit des Geistes, der sittlichen Weltnotwendigkeit, die er als den undefinirbaren „geheimen Punkt" erklärt, um den alles sich drehen müsse.

Goethe hatte sich viel mit „Hamlet" beschäftigt; — die Römertragödien und die englischen Königsdramen waren auch geeignet, ihn in seinen falschen Vorstellungen von dramatischer Anlage eines Stückes zu befestigen.

So erklärte sich der „Cäsar"-Entwurf, und so die „dramatisierte Geschichte Gottfriedens von Berlichingen."

Herder machte den jungen Freund auf das Missverständnis aufmerksam, das ihm hinsichtlich der inneren Einheit untergelaufen war. — Goethe selbst aber hatte schon an seinem Werke allerhand auszusetzen gefunden;[91]) vielleicht war ihm bei dem gerade jetzt betriebenen Studium der Griechen die innere Unruhe seiner eignen Dichtung doppelt stark aufgefallen. So war ihm denn Herders Kritik ein wahres Trostschreiben. Charakteristisch ist es, was Goethe in seiner Antwort über „Emilia Galotti" sagt:[92]) „Emilia Galotti ist auch nur gedacht, und nicht einmal Zufall oder Caprice spinnen irgend darin. Mit halbweg Menschenverstand kann man das Warum von jeder Scene, von jedem Wort, möcht' ich sagen, auffinden." —

Goethe hat den Hauptfehler der „Emilia Galotti" klar ausgesprochen. Der Verlauf des Stückes ist nicht von dem Gange einer zwingenden Notwendigkeit, auf das Endziel hindrängend, wie es bei den Shakespeareschen Trauerspielen der

Fall ist; — das Stück entwickelt sich nicht naturgemäss aus
gegebenen Voraussetzungen heraus, sondern wir können Schritt
für Schritt die Absicht des Dichters erkennen, wie er die
Situationen dreht und wendet — (oft gegen die gewöhnliche
Wahrscheinlichkeit), — nur um zum gewollten tragischen
Schlusse zu kommen. Und ebenso ist es mit der „Geschichte
Gottfriedens von Berlichingen" der Fall. Wie viele Scenen,
Figuren und Verwicklungen sind darin, die nur deshalb da-
stehen, weil sie dem Dichter als farbenreiche Schaustücke
oder erschütternde Effekte oder als kulturgeschichtliche Ge-
mälde anziehend waren, ohne dass sie zu dem Stücke eine
weitere Beziehung haben, und ohne dass sie die innere Notwendigkeit der Handlung, wenn man überhaupt diesen Ausdruck verwenden darf, verstärken könnten.

Goethe hatte gemeint, auf diese Art Shakespeares „schöne
Raritätenkasten", das „Leben der Geschichte", die „Natur"
der Shakespeareschen Menschen in die deutsche Litteratur
einzuführen. Aber er hatte sich gründlich geirrt. Solch' ein
Irrtum ist, wenn er von dem Irrenden erkannt wird, von der
heilsamsten Wirkung. — Auch für Goethe war dies der Fall.

So erschien denn im Sommer 1773 eine Umarbeitung der
früheren „dramatisierten Geschichte" unter dem Titel
„Götz von Berlichingen mit der eisernen Hand. Ein Schauspiel."

Der Fortschritt war unverkennbar. Mit eiserner Selbst-
zucht war der Dichter ans Werk gegangen. Packende Scenen,
die einzeln für sich genommen herrliche dichterische Bilder
ergaben, und die Shakespeare ganz gewiss sich nicht hätte
nehmen lassen, hatte Goethe schonungslos gestrichen. Bauern-
scenen, Bilder im Zigeunerlager, das ganze Verhältnis Sickin-
gens zu Adelheid, alles fiel der höheren Einsicht des Dichters
zum Opfer.

Aber dennoch konnte das regellose Stück kein eigent-
liches Drama werden, ebensowenig wie Shakespeares Historien
es sind.

Shakespeares Geist drang dem jungen Dichter noch immer
aus allen Poren.

„Die Zeitgenossen konnten nicht anders, als in dem
Dichter des „Götz" den deutschen Shakespeare begrüssen",
sagt Bulthaupt.[93]) „Wir Nachlebende wissen", fährt er fort,
„dass „Götz von Berlichingen", wie man heute sagen würde,
ein „genialer Wurf" geblieben ist. Dieser herrliche naturalistische Sieg war auf einem dem Dichter im Grunde fremden
Terrain erfochten worden. Was folgte, war aus völlig anderem
Geiste geboren: „Clavigo", „Stella."

Bulthaupt ist in einem grossen Irrtum befangen, der
noch schärfer hervortritt, wenn er nachher von einem „unver-
mittelten Schwanken zwischen zwei ganz verschiedenen Stil-
arten" spricht und behauptet, bei Goethe gebe es keine „dramatische Entwickelung."

Auf die Gefahr hin, des Abschweifens vom Thema be-
zichtigt zu werden, müssen wir auf Goethes „dramatische
Entwickelung" hier näher eingehen; in der That ist die Geschichte der Goetheschen Entwickelung auf dramatischem Gebiete zugleich die Geschichte der verschiedenen Phasen
in Goethes Stellungnahme zu Shakespeares Dramen
von jenem ersten „genialen Wurfe" und dem „Cäsar"-Plane
an, über den „Götz", „Clavigo" zum „Egmont" und schliesslich in Weimar über „Iphigenie" in ihren Prosaformen[94]) hinweg zur vollendeten „Iphigenie" und zum „Tasso".

In diese Reihe lassen sich die übrigen Dichtungen, ohne
ihrer Eigenart Zwang anzuthun, einschalten, um die Kette zu
schliessen.

Dieser Reihe entspricht Goethes allmälich sich ändernde
Ansicht über Shakespeare und zugleich über die Griechen,
wie wir es schon bei Gelegenheit des „Cäsar" nachzuweisen
versuchten.

Wir greifen mit wenigen Worten, die zum Verständnis
unserer Behauptung notwendig sind, vorweg bis zu späteren
Zeiten, als Goethe die Weimarer Theaterdirektion führte. —
Anfänglich hatte Goethe infolge teils falscher, teils missver-
standener Lehren Herders geglaubt: Shakespeare verzichte
sowohl auf Einheit der Handlung (was er nur in den Königsdramen thut),[95]) als auch auf theatralische Darstellung seiner
Stücke.

Das bedingte den „Gottfried von Berlichingen" und den Strassburger „Cäsar". — Den ersten Teil seiner Ansicht gab Goethe bald für immer auf. Inbezug auf die theatralische Darstellung dagegen blieb er lange im Irrtum befangen. Die Schwierigkeiten, Shakespeare auf die Bühne zu bringen, weist Goethe schon im „Wilhelm Meister" nach, und der Theaterdirektor der Weimarer Hofbühne hatte auch seine Erfahrungen damit zu machen.[96]

Falsch ist es, das Verhältnis Goethes zu Shakespeare zur Zeit der Goetheschen Bearbeitung von „Romeo und Julia" als nahe dem Gefrierpunkte befindlich zu bezeichnen, wie Sauer[97] es thut. Goethe, der damals schon zu einem gewissen litterarhistorischen[98]) Verständnisse Shakespeares durchgedrungen war, trat zu jener Zeit nur den Auswüchsen einer geistlosen Shakespeareomanie entgegen, wie es in unseren Tagen mit Fug und Recht und unter häufiger Berufung auf Goethe Gustav Rümelin[99]) gethan hat, um ebenso missverstanden zu werden, wie einst Goethe.

Doch zurück von diesem notwendigen Exkurse!

In der Zeit zwischen den beiden Bearbeitungen des Berlichingen-Stoffes liegt Goethes Beschäftigung als Rezensent an den „Frankfurter gelehrten Anzeigen".[100]) Wir haben die für unser Thema wichtigste der Goetheschen Rezensionen, die über die Nachahmung des Shakespeareschen „Cymbelline" schon vorhin erwähnt. Das Lob, das Goethe dem Britten darin spendet, erscheint in umso wunderbarerem Lichte, wenn man sich das Werk Shakspeares näher ansieht,[101]) das zu den abenteuerlichsten Verirrungen seiner Phantasie gehören dürfte. Auch „Hamlet", „Romeo und Julia" und der „Sturm" werden in den „Anzeigen" erwähnt, — und Shakespeare — (charakteristisch für Goethe!) neben Ossian, Klopstock und Milton gestellt.[102])

Am 15. September 1773 meldet Goethe, der unterdessen den „Götz" geschrieben hatte, an Kestner:[103] „Jetzt arbeit' ich einen Roman, es geht aber langsam. Und ein Drama fürs Aufführen, damit die Kerls sehen, dass nur an mir liegt, Regeln zu beachten und Sittlichkeit, Empfindsamkeit darzustellen."

Es waren „Werther" und vermutlich „Mahomet",[104]) vielleicht „Erwin und Elmire". Aber es gelang dem Dichter nicht, dieses Drama „Mahomet" zum Abschlusse zu bringen, das in der zu Grunde liegenden philosophischen Tendenz an „Faust" erinnert.

Shakespeares Einfluss tritt hier weniger hervor als derjenige Ossians, der Bibel und der Griechen. Ueberhaupt dürfen wir in Goethes dichterischen Formen nicht überall gleichmässig einen und denselben Einfluss suchen. Shakespeare beeinflusste ihn besonders als Dichter des „Lebens der Geschichte" und als Schilderer der reinen Natur. Wo Religion, Philosophie oder Erfordernisse des Augenblicks und der fastnachtsmässige Uebermut froher Jugend in satirischer Laune zum dichtenden Schaffen drängten, da musste. natürlich die shakespearisierende Form zurücktreten.

Wir übergehen daher alles in dieses Gebiet Schlagende, den „Sokrates", „Mahomet", „Prometheus" und „Ahasverus", die Singspiele „Erwin und Elmire" und „Claudine von Villabella" und die kleineren Satiren und Possen.

Nur bei dem Singspiele „Claudine von Villabella", das Goethe freilich erst 1775 dichtete, sei kurz auf den Aufsatz von Biedermann[105] hingewiesen, der die Möglichkeit einer Beeinflussung durch Shakesparesche Lustspiele neben den spanischen nachweist, soweit ein solcher Nachweis überhaupt möglich ist.

Dagegen werden uns jetzt vor allem die dramatische Satire „Götter, Helden und Wieland",[106] im Oktober 1773 geschrieben, der im Frühjahr 1774 verfasste „Werther" und der kurz darauf folgende „Clavigo" interessieren.

In der Farce „Götter, Helden und Wieland", veranlasst durch Wielands „Alceste", geisselt Goethe in geistreich-spottender Weise die von Wieland geübte Anwendung der griechischen Götter und Heroen im modernen Gewande. Echte Natur, das war es, was Goethe bei den Griechen und bei Shakespeare gefunden hatte, während er es bei Wieland vermissen musste.

„Begieb 'Dich zur Gelassenheit, Euripides", lässt er den Admet sagen, „die Stellen an denen er (Wieland) Deiner spottet, sind so viel Flecken, mit denen er sein eigen Gewand beschmutzt. Wär' er klug, und er könnte sie und die Noten zum Shakespeare mit Blut abkaufen, er würde es thun."

Ebenso bezeichnend für Goethes Vorliebe für Shakespeare ist eine Stelle in einem Briefe an Elisabeth Jakobi (1774); [107] „Ihre Buben sind mir lieb, denn es sind Ihre Buben und der letzte ist mir immer der nächste. Ob sie an Christ glauben oder an Götz oder H a m l e t, das ist eins, nur an w a s lasst sie glauben Wer an nichts glaubt, verzweifelt an sich selber."

Der „Hamlet" hatte den Dichter seit Strassburg unausgesetzt beschäftigt, wie er ihm sein ganzes Leben hindurch ein Gegenstand liebevollster Betrachtung war. In „Werther" und „Clavigo" hat „Hamlet" unverkennbare Spuren hinterlassen. Der „Werther" entstand in einer Zeit, da die Weltschmerzelei unter den jungen Leuten an der Tagesordnung war. „Sonderbar genug", sagt Goethe, [108] „bestärkte unser Vater und Lehrer Shakespeare, der so reine Heiterkeit zu verbreiten weiss, selbst diesen Unwillen. Hamlet und seine Monologen blieben Gespenster, die durch alle jungen Gemüter ihren Spuk trieben. Die Hauptstellen wusste ein Jeder auswendig und recitierte sie gern." Und in der That, Werther ist ein Hamlet im Gewande des Deutschtums am Ende des achtzehnten Jahrhunderts.

„Und warum [109] sollte ich mich schämen in dem schrecklichen Augenblicke, da mein ganzes Wesen zwischen S e i n und N i c h t s e i n zittert, da die Vergangenheit wie ein Blitz über dem finstern Abgrunde der Zukunft leuchtet, und Alles um mich her versinkt, und mit mir die Welt untergeht?" Diese Worte Werthers sind nichts als eine Umschreibung Hamlet'scher Gedanken, und ebenso die folgenden Worte, bei denen dem Dichter der berühmte Selbstmordmonolog vorschwebte: „Den Vorhang aufzuheben und dahinter zu treten, das ist's all'! — Und warum das Zaudern und Zagen? — Weil man nicht weiss, wie's dahinter aussieht? Und man nicht zurückkehrt? Und dass d a s nun die Eigenschaft unseres Geistes ist, da V e r w i r r u n g und F i n s t e r n i s zu ahnen, wovon wir nichts B e s t i m m t e s wissen."

Wie sehr Hamlet gerade zu jener Zeit den Dichter beschäftigte, sehen wir ebenso deutlich in dem ungefähr zu
gleicher Zeit entstandenen „Clavigo", dessen Verhältnis zu
Shakespeare kurz und treffend von Hettner in seiner Geschichte der Litteratur, in dem auf „Clavigo" bezüglichen
Kapitel erörtert ist.

Die Memoiren des Beaumarchais hatten Goethe den Stoff
zum „Clavigo" gegeben. „Berechtigt durch unsern Altvater
Shakespeare", sagt Goethe,[110]) „nahm ich nicht einen Augenblick Anstand, die Hauptscene und die eigentliche theatralische
Darstellung wörtlich (aus Beaumarchais) zu übersetzen."

In dem schon früher citierten Briefe an F. Jakobi machte
Goethe ausdrücklich darauf aufmerksam, dass darunter die
Struktur des Stückes nicht gelitten habe, und in der That,
um mit Hettner[111]) zu reden, steht „Clavigo" künstlerisch
weit höher als „Götz", indem er im Sinne Lessings und nach
Shakespeares jetzt richtig verstandenem Vorbilde eine einheit-
lich gefügte, straffe dramatische Handlung zeigt. „Unter allen
deutschen Dramen", sagt Hettner, „wird in der Clavigotra-
gödie zuerst wieder das eigenste Lebensgeheimnis Shakespearescher Tragik, der Begriff der tragischen Schuld und deren
notwendige Ableitung aus dem Charakter des Helden, wieder
entdeckt und künstlerisch verwirklicht. „Emilia Galotti" ist
Intriguentragödie, „Clavigo" ist in ächt Shakespearescher Art
Charaktertragödie." Noch im Jahre 1826 sagte Goethe zu
Eckermann, dass er es bedauere, zu der Zeit, da er es ge-
konnt habe, nicht mehr Stücke wie den „Clavigo" geschrieben
zu haben. Auch nach der Abfassung des „Götz" war Goethe
„im Stillen beschäftigt, von diesem Wendepunkte der deutschen
Geschichte sich vor- und rückwärts zu bewegen und Haupt-
ereignisse in gleichem Sinne zu bearbeiten." Leider ist die
Bereicherung der deutschen Litteratur in diesem Sinne un-
ausgeführter Plan geblieben. Mögen „Iphigenia" und „Tasso"
an dichterischem Werte weit über „Götz" und „Clavigo"
stehen, ein Goethescher Historiencyclus im Geiste des „Goetz"
und in der Form des „Clavigo" wäre für die deutsche Bühne
ein Schatz geworden, wie sie ihn in den Shakespeareschen
Historien ganz gewiss nicht besitzt. Auch in Einzelheiten

des „Clavigo" werden wir an „Hamlet" erinnert, obwohl nicht
ausser Acht gelassen werden darf, dass die äusseren Verhältnisse durch Beaumarchais Memoiren gegeben waren. Dennoch
ist in das Verhältnis von Marie und Beaumarchais zu Clavigo
entschieden etwas von der Grundfärbung des Verhältnisses
der Geschwister Laertes und Ophelia hineingetragen. Die Be-
gräbnisscene der Marie, der Kampf des Bruders und des Ge-
liebten an der Leiche, der Tod Clavigos durch Beaumarchais
Hand, Alles das erinnert lebhaft an die Scenen zwischen
Hamlet und Laertes am Schlusse der Shakespeareschen Tragödie.

Um uns nicht blos auf Wiederholung zu beschränken,
verweisen wir auf die entsprechenden Stellen bei Hettner und .
Hense.[111])

Ueber das letzte, dieser Epoche ganz angehörende dramatische Werk Goethes, das wir hier zu erwähnen haben,
über das im Frühjahr 1775 gedichtete „Schauspiel für Lie-
bende: [112] Stella", können wir kurz hinweg gehen.

Goethe versucht sich hier noch einmal auf dem Boden,
den er im „Clavigo" betreten, doch mit einem entschiedenen
Misserfolge. Shakespeare, dessen Einfluss im „Clavigo" so
unverkennbar war, tritt hier fast völlig zurück. Die naturalistische
Färbung der einzelnen Gestalten, die an Hamlet-Werther erinnernde Figur des Fernando, das sind die einzigen Kennzeichen, die dem Stücke das Gepräge seines Ursprunges in
der Hamlet-Periode des Dichters aufdrücken.

Ähnlich wie Goethe sich noch einmal in der durch
„Clavigo" bezeichneten Richtung weiter zu bewegen versuchte,
ohne Erfolg zu haben, ähnlich erging es ihm mit dem Ver-
suche, noch einmal auf das historische Drama in der Art des
„Berlichingen" zurückzukommen. — Die Gestalt des Egmont,
die ihm in ihrem liebenswürdigen Lebensmute so verwandt
erscheinen musste, reizte ihn zur dramatischen Bearbeitung.
In den letzten Monaten vor der Abreise nach Weimar war
das Stück in den Grundzügen schon fertig gestellt. Das in
Reichard's Theaterkalender für 1777 auf Seite 146 und 256
erwähnte ungedruckte „Vogelschiessen von Brüssel" von Goethe
ist sicher der „Egmont", von dem wohl in erster Linie die

shakespearisierenden Volksscenen völlig ausgeführt waren und daher auch den Titel, wie er im Theaterkalender aufgeführt wird, beeinflussten. Goethe fand es später, wie er an Frau von Stein schrieb, nötig, „das allzu Aufgeknöpfte und Studentenhafte der früheren Manier" zu mildern und zu tilgen. Wir dürfen daher wohl annehmen, dass die noch jetzt so stark an Shakespeare erinnernden Volksscenen ursprünglich diesen Charakter viel schärfer ausgeprägt trugen.

Die eingehendere Besprechung des „Egmont" jedoch würde über den hier zu betrachtenden Zeitabschnitt bedeutend hinausgehen, denn erst in Weimar, hauptsächlich in den Jahren 1778 (12. April) — 1782[113]) wurde der „Egmont" in eine vorläufig abschliessende Form gebracht, die erst im Juli und August 1787 in Rom zum letzten male überarbeitet und fertig gestellt wurde.

Ebenso müssen wir darauf verzichten, die im Fragment von 1790 veröffentlichten Scenen des Faust zu unserer Betrachtung heranzuziehen.

So interessant der Versuch wäre, dieses Fragment daraufhin zu prüfen, in wiefern seine einzelnen Teile in die von uns besprochene Periode zu setzen sein dürften, und wie wir sie in die Entwickelungsepoche des von Shakespeare beeinflussten Goethe einzureihen haben würden, so würden wir doch an dieser Stelle zu weit geführt werden.

Eine Erörterung dieser Frage würde, zusammen mit der dabei in hohem Masse zu berücksichtigenden Stellung Goethes zum Hamlet den Inhalt eines zweiten Teiles dieser Abhandlung zu bilden haben, und besonders den Faust, Orest, Tasso, Elpenor und Wilhelm Meister in den Vordergrund rücken müssen.

Erübrigen würde dann noch zum Schlusse eine Besprechung der Stellung des Weimarischen Theaterdirektors Goethe zu Shakespeare.

Das Endergebnis aber würde sein, dass wir erkennen würden, wie Goethe allmählich nicht zur Abneigung gegen Shakespeare, wie es oft falsch aufgefasst wird, sondern zum wahren Verständnisse des grössten Dramatikers gelangte, wie er das Wort Lessings anwenden lernte: „Shakespeare will studiert sein, nicht geplündert."

Vor allem aber würden wir uns darüber klar zu werden haben, dass der Einfluss, den ein grosser Geist auf den andern ausübt, nicht im Nachahmen besteht, sondern dass für den echten Künstler, wenn er einem anderen gegenübertritt, das Wort Goethes gilt: „Die Hauptsache ist, dass man eine Seele habe, die das Wahre liebt und die es aufnimmt, wo sie es findet."

Anhang.

Wir bezeichnen die Quellenangaben und alle sonstigen Anmerkungen mit laufenden Zahlen im Texte. Für einige sehr häufig vorkommende Büchertitel haben wir nachstehende Abkürzungen benutzt.

Aus der Unzahl der durchzuarbeitenden Bücher war verhältnismässig wenig Benutzbares zu entnehmen.

Nächst der grossen Weimarer-Goethe-Ausgabe verdanke ich, abgesehen von sachlichen, nachfolgend verzeichneten Förderungen, am meisten Anregung für die Art der Auffassung den vortrefflichen Schriften von W. von Biedermann, Grimm, Haym, Hense, Hettner, Rümelin und Scherer.

Abkürzungen:

W. W. Weimar = Goethes sämtliche Werke. Herausgegeben im Auftrage der Grossherzogin Sophie von Sachsen-Weimar.

Wir citieren möglichst nach dieser zur Zeit der Abfassung noch nicht vollständig erschienenen Ausgabe, die den korrektesten Text bietet.

W. W. Hempel = Goethes Werke. Hempel.

Wir citieren nach Hempel im allgemeinen, wenn uns die Weimarer neueste Ausgabe nicht zur Verfügung steht.

D. W. = Dichtung und Wahrheit.

G. J. (mit Jahreszahl und Band) = Jahrbuch der deutschen Goethe-Gesellschaft.

Schöll, Briefe und Aufsätze = A. Schöll, Briefe und Aufsätze von Goethe aus den Jahren 1766—1786. Weimar 1846.

Haym, Herder = R. Haym, Herder nach seinem Leben und seinen Werken. Berlin 1880.

Anmerkungen.

1. H. Ulrici, „Shakespeares dramatische Kunst."
    III. Aufl. 2. Ausg. 1874.
    III. Teil. 3. Abschnitt.
    C. Hense, „Shakespeare-Untersuchungen und Studien." Halle 1884.
    III. Teil. „Deutsche Dichter in ihrem Verhältnisse zu Shake-
    speare." S. 227. ff.
2. K. Elze, „Bodmers Sasper." Shakespeare Jahrbuch. I. 1865.
3. In den „Neuen Probestücken der englischen Schaubühne".
    3 Bde. Basel 1758.
4. „Shakespeares theatralische Werke." Aus dem Englischen
    übersetzt von Herrn Wieland. Zürich, 1762—66. VIII. Bde.
5. „William Shakespeares Schauspiele." Neue Ausgabe von
    Joh. Joach. Eschenburg. Zürich 1775—77. VII. Bde.
6. W. W. Hempel. 22. — Dichtung und Wahrheit. III. 11. Buch.
    (D. W. III. 11.) S. 44—48.
7. The plays of Shakespeare with the corrections and illustra-
    tions of various commentators, to which are added notes by
    Samuel Johnson. London 1765.
8. Goethe-Jahrbuch 1887. VIII. Bd. S.   (Berichtigungen und
    Nachträge zu den von L. Geiger im 7. Bande herausge-
    gebenen Briefen.
    (Abkürz.: G. J. 1887. VIII.)
9. Studien zur Goethe-Philologie von J. Minor und A. Sauer.
    Wien 1880. S. 237. ff.
10. Vergl. W. v. Biedermann, „Goethe-Forschungen." „Dramatische
    Entwürfe: Belsazar . . . ."
11. W. W. Weimar 1887. IV. 1. S. 16, 17.
12.   Dasselbe.   S. 24, 25.
13.   Dasselbe.   S. 47, 48.
14. Siehe: „As you like it." II. 7. (22—27.)
15.   Dasselbe.   II. 1. (16—17.)
16. W. W. Weimar. IV. 1. S. 44. ff.
17.   Dasselbe.   1889. I. 27.
    D. W. II. 8. S. 156. ff.
18. W. W. Weimar. IV. 1. S. 89.
19. „Romeo and Juliet." I. 1.

20. W. W. Hempel. D. W. III. 11. S. 45. und
    W. W. Weimar. I. 27. D. W. II. 7. S. 91. ff.
21.   Dasselbe.   IV. 1. S. 105. (13. October?)
22.   Dasselbe.   IV. 1. S. 142.
23. „Shakespeares theatralische Werke." Aus dem Englischen
    übersetzt von Herrn Wieland. Zürich, 1762—66. VIII. Bde.
24. W. W. Weimar. IV. 1. S. 122. (25.) S. 124. (3—9).
25. Vgl. W. von Biedermann „Goethes produktive Kritik". Wissen-
    schaftl. Beilage d. Leipziger Zeitung. 1888. No. 128.
26. W. W. Weimar. 1889. I. 27.
    D. W. II. 7. S. 91 ff.
27. „Die Mitschuldigen". 1769. III. Aufzug. 6. Auftritt.
28. W. W. Weimar. IV. 1. S. 203. ff.
29.   Dasselbe.   S. 198.
30.   Dasselbe.   S. 205.
31.   Dasselbe.   S. 230.
32. A. Schöll, „Briefe und Aufsätze von Goethe aus den Jahren
    1766—1786". Weimar 1846. S. 63—140.
33. W. W. Weimar. IV. 1. S. 247.
34. W. Scherer, „Aufsätze über Goethe". Berlin. 1886. Goethe als
    Rechtsanwalt. S. 37. ff.
35. W. W. Weimar. I. 27.
    D. W. II. 10. S. 302. ff.
36. R. Haym, „Herder nach seinem Leben und seinen Werken".
    Berlin. 1880. Erster Bd. 2. Hälfte. S. 391. ff.
37. Herders sämtliche Werke. Herausgegeben von Bernhardt
    Suphan. Berlin. Im 25. Bd. 1885: Alte Volkslieder. I.
    2. Buch. Lieder aus Shakespeare. S. 33—60.
38. Vgl. W. von Biedermann; „Goethes Gespräche". 1889. I. Bd.
    S. 19. (April 1772.) und
    H. Düntzer; „Goethes Leben." 1880. S. 152, 153.
39. W. W. Hempel. 22.
    D. W. III. 11. S. 46. ff.
40. Haym, Herder. I. 2. S. 425. und
    „Von deutscher Art und Kunst." Einige fliegende Blätter. 1773.
    Hamburg. S. 71—118.
    Herders W. W., kl. Ausg. Bd. XX. S. 271. ff.
41. „Von deutscher Baukunst. D. M. Ervini a Steinbach 1773."
    — Neu gedruckt in: S. Hirzel „Der junge Goethe." 1875.
    Zweiter Teil. S. 204. ff.
42. M. Mendelssohn; „Phädon oder über die Unsterblichkeit der
    Seele." Berlin 1767.
    Platon „Phädon", übersetzt von J. B. Köhler. Lübeck 1769.
    (Siehe: A. Schöll, Aufs. u. Briefe S. 89. ff.)

43. W. W. H e m p e l. 22.
D. W. III. 11. S. 24.

44. Siehe: A. S c h ö l l, Aufs. u. Briefe. S. 137. ff.
H. H e t t n e r „Geschichte d. deutsch. Litteratur im 18. Jahrh. 1872.
III. Buch. 1. Abteil. S. 128. ff.

45. W. v o n B i e d e r m a n n, „Goethes Cäsar". Wissenschaftl. Beilage
d. Leipz. Zeitung. 1860. No. 80.
Vergl. v. d. H e l l e n, Goethes Anteil an Lavaters Physiognomischen
Fragmenten. Frankfurt a. M. 1888.

46. R. H a y m; Herder. I. 2. S. 475. ff.
Siehe: Herders sämtl. Werke. Herausgegeben von B e r n h a r d
S u p h a n. Berlin. Im 28. Bde., 1884:
B r u t u s (älteste Fassung von 1772). S. 11—27.
B r u t u s. Ein Drama zur Musik. 1774. S. 52—68.

46 a. Siehe: W. W. W e i m a r. I. 27. D. W. II. 10 wo Herder an
Goethe schreibt: „Wenn des Brutus Briefe dir sind in Ciceros
Briefen .... Goethe sende sie mir."

47. W. W. W e i m a r. I. 27. D. W. II. 10. S. 320, 321.

48. A. S t ö b e r: „Der Aktuar Salzmann." 1855. S. 51. Siehe auch:
W. W. W e i m a r. 1887. IV. 2. S. 96.

49. W. W. H e m p e l. 22. D. W. III. 13. S. 116. ff.

50. W. W. W e i m a r. 1887. IV. 2. S. 7—9.

51. H. H e t t n e r: „Geschichte der deutschen Litteratur im 18. Jahrh."
1872. III. Buch. 1 Abteil. S. 142, 143.

52. H i r z e l - B e r n a y s, „Der junge Goethe." 1875. Erster Teil, III.
No. 75.
W. W. W e i m a r. 1887. IV. 2. S. 96.
(Der Brief ist o h n e Datierung.)

53. W. W. H e m p e l. 22. D. W. III. 12. S. 72, 73.

54. Vgl. H. D ü n t z e r: „Goethes Leben." 1880. S. 189, 190.
Da H e t t n e r a. a. O. ausdrücklich den „Cäsar" mit erwähn-
tem Briefe in Zusammenhang bringt, glaubten wir ebenso ausdrücklich den G e g e n b e w e i s liefern zu müssen. der trotz des
Widerspruchs gegen S t ö b e r und H e t t n e r nicht für erfor-
derlich gehalten zu sein scheint. — Spätere Auflagen von
Hettners Buch als die von 1872 waren uns leider nicht zugänglich. — Stöbers Datierung des Briefes wird z. B. noch
ausdrücklich in Schutz genommen von B. B. A b e k e n; „Goethe
in den Jahren 1771—1775." 1861. S. 52. Anmerk. 5.

55. W. W. W e i m a r. IV. 2. S. 172.

56. G. J. 1889. X. S. 141.

57. G. J. 1884. V. S. 192.
W. v o n B i e d e r m a n n, Goethes Gespräche. 1889. 1. Bd. S. 35.
No. 22.

58. W i e l a n d s Mitteilung an G r ä t e r über „Cäsar" steht, wie uns
Herr Geheimrat Freiherr v o n B i e d e r m a n n, dem wir
hier unsern Dank ausdrücken, mitteilte, in „Weimars Album"
von D i e z m a n n. S. 34.

59. W. v o n B i e d e r m a n n; „Goethes „Cäsar". a. a. O.

60. Vgl. bei S c h ö l l; a. a. O.

61. R. K e i l; „Vor hundert Jahren. Mitteilungen über Weimar, Goethe
und Corona Schröter aus den Tagen der Genieperiode." 1875.
I. Bd. Goethes Tagebuch von 1776—1782.
W. W. W e i m a r. III. I. S. 140.

62. S. H i r z e l, „Der junge Goethe." 1875. 2. Teil. S. 453. No. 20.
W. S c h e r e r, „Aufsätze über Goethe." 1886.
Goethe als Journalist. S. 47. ff.
vgl. W. S c h e r e r „Deutsche Litteraturdenkmale des 18. Jahrh." Heil-
bronn. No. 7 u. 8 enthaltend: „Frankfurter gelehrte Anzeigen 1772."
W. H e r b s t; „Goethe in Wetzlar." 1881. S. 161.
W. v o n B i e d e r m a n n; „Goethe-Forschungen." Unter: Ver-
mischtes zur Goethe-Forschung: Goethes Rezensionen in den
Frankfurter gel. Anzeigen. —

63. D. E. S c h l e g e l; Werke. III. Bd. S. 286. ff. bes. 294.

64. Siehe über S c h l e g e l und L e s s i n g bei:
H. H e t t n e r; „Geschichte d. deutschen Litteratur im 18. Jahrh."
1872. I. Buch. S. 382—384.

65. W. W. W e i m a r. IV. 1. S. 258.
(Brief an Salzmann. Juni 1771.(?))

66. W. W. W e i m a r. IV. 2. S. 16. (Brief an Herder. Anf. Juli 1772.)

67. W. H e r b s t; „Goethe in Wetzlar." 1881. S. 173.

68. J. H i r z e l; „Der junge Goethe." 1875. Erster Teil. Einleitung
von M. B e r n a y s. S. XLV.

69. W. W. W e i m a r. IV. 2. S. 19.

70. W. W. W e i m a r. IV. 2. S. 64.

71. K. G ö d e k e: „Goethes Leben und Schriften." 1874. — Auf
Seite 114 und 115 eine knappe Zusammenstellung des nicht
günstigen Eindruckes des „Clavigo" auf Voss, Jung-Stilling,
Wieland, Jakobi. —

72. H. D ü n t z e r; „Goethes Leben." 1880. S. 194, 196. Was Düntzer
a. a. O. sagt, würde sehr wohl in den Zusammenhang der Geschichte des „Cäsar" passen, ist aber leider nur unbewiesene
und daher der Beweiskraft entbehrende Vermutung. — Dagegen
hat seine Vermutung auf S. 207 hinsichtlich des „Cäsar" etwas
für sich und mag neben der oben gegebenen Erklärung des
„nicht freuen" zugleich annehmbar sein. — Bei B. R. A b e k e n;
„Goethe in den Jahren 1771—1775", — 1861. (S. 220.) findet
sich die gleiche Ansicht wie bei Düntzer zu gunsten des „nicht
freuen." —

73. W. W. W e i m a r. IV. 2. S. 187. (8—18.)

74. W. von Biedermann; „Goethes Cäsar." — a. a. O.
75. W. W. Weimar. IV. 1. S. 256. (8—14.)
76. Dasselbe. S. 264.
77. Dasselbe. S. 262.
78. Dasselbe. IV. 2. S. 1.
79. Vgl. H. Düntzer; „Aus Goethes Freundeskreise." 1868. S. 92.
    J. W. Schaefer; „Goethes Leben." III. Aufl. 1877. I. Bd.
    S. 134. und
    H. Düntzer; „Goethes Leben." 1880. S. 187, wo statt „Lenz"
    „Lerse" steht, — was für unsern Zweck nebensächlich ist. —
80. W. W. Weimar. IV. 2. S. 3.
81. Abgedruckt in: J. Hirzel; „Der junge Goethe." 1875. Zweiter
    Teil. S. 39—43. Teilweise bei:
    H. Hettner; „Geschichte der deutschen Litteratur im 18. Jahrh."
    1872. III. Bch. 1. Abteil. S. 120—122.
82. W. W. Weimar. IV. 2. S. 26.
83. Dasselbe. S. 7. (10.)
    (Brief an Salzmann. 28. Novbr. 1771.)
84. Dasselbe. S. 19.
85. J. Minor und A. Sauer; „Studien zur Goethe-Philologie." Wien
    1880. S. 237. ff.
86. C. Henae; „Shakespeare-Untersuchungen und Studien." Halle 1884.
    III. S. 255 —258.
87. Siehe vor allem:
    W. W. Weimar. I. 8. Götz. II. 1. S. 54.
88. A. W. von Schlegel; „Vorlesungen über dramatische Kunst und
    Litteratur." Leipzig. 1846. II. Teil. 36. Vorlesung. S. 412.
89. „Gottfried v. Berlichingen." I. 5.
90. H. Hettner: „Geschichte der deutschen Litteratur des 18. Jahrh."
    1872. 3. Buch. 1. Abteil. S. 46. Vgl. dazu:
    R. Haym! „Herder." 1880. I. 2. S. 436—440.
91. W. W. Hempel. 22. D. W. III. 13.
92. W. W. Weimar. IV. 2. S. 19.
    Vgl. H. Düntzer; „Goethes Leben." 1880. S. 166. Düntzer fasst
    das Wort „gedacht" wohl nicht ganz richtig auf, wenn er
    ihm ohne jede nähere Erklärung die Worte „nicht gefühlt"
    zur Seite stellt. Der Gegensatz ist: „willkürlich gedacht"
    und „als zwingende Notwendigkeit gefühlt." — Die
    andere Auffassung würde mit der übersprudelnden Kraft und
    Frische des Gefühls im „Gottfried von Berlichingen" unverein-
    bar sein! —
93. H. Butthaupt; „Dramaturgie der Klassiker." I. Bd. 1883. S. 76.
94. Vergleiche besonders: „Die drei ältesten Bearbeitungen von Goethes
    Iphigenie." Herausgegeben und mit zwei Abhandlungen zur
    Geschichte und vergleichenden Kritik des Stückes begleitet v.
    H. Düntzer 1854.

95. Vgl. G. Rümelin; „Shakespeare-Studien." 1874. S. 36, 37. S. 120 ff.

96. Vgl. Goethe-Jahrbuch V. Bd. 1884. Zwanzig Briefe Goethes.
— No. 2. Brief Goethes vom 27. Octbr. 1803. fn Iffland über
„Julius Cäsar." —

97. J. Minor u. A. Sauer; „Studien zur Goethe-Philologie." Wien
1880. S. 247.

98. Goethe—Schiller; Briefwechsel. — Brief an Schiller vom
6. Dezbr. 1799.

99. G. Rümelin; Shakespearestudien." 1874.

100. Angabe der Litteratur s. ob. bei Gelegenheit des „Cymbelline";
in Anm. No. 62.

101. G. Rümelin; a. a. O. 1874. S. 77—79.

102. S. Hirzel; „Der junge Goethe." 1875. II. S. 414.

103. W. W. Weimar. IV. 2. S. 106. Vgl. dazu:
H. Düntzer; „Goethes Leben." 1880. S. 191.

104. Keinesfalls „Clavigo"; denn Beaumarchais wurde erst am
16. Febr. 1774 verurteilt und seine Memoiren erschienen erst
kurz darauf. — Siehe: K. Goedeke; „Goethes Leben und
Schriften." 1874. S. 114.
Auch „Cäsar" kann nicht gemeint sein. —

105. W. von Biedermann; „Goetheforschungen." Unter: Quellen
u. Anlässe Goethescher Dramen.

106. Am leichtesten zugänglich bei:
S. Hirzel; „Der junge Goethe." 1875. Leipzig. II. S. 384. ff.

107. W. W. Weimar. IV. 2. S. 145.

108. W. W. Hempel; 22. D. W. III. 13.

109. Werther; II. Am 15. November.

110. W. W. Hempel. 22. D. W. III. 15.
Vgl. auch J. P. Eckermann; „Gespräche mit Goethe." 1868.
II. S. 88. 10. April. 29.

111. H. Hettner; „Geschichte der deutschen Litteratur des 18. Jahrh."
1872. 3. Buch. 1. Abteil. S. 149—154.
C. Hense; „Shakespeare-Untersuchungen und Studien." 1884. III.
S. 259. ff.

112. Natürlich „Stella" in der älteren Fassung ohne den tragischen Ab-
schluss.

113. R. Keil; „Vor hundert Jahren; Mitteilungen über Weimar,
Goethe etc." 1875. I. Bd. Goethes Tagebuch von 1776—1782.
W. W. Weimar. III. 1.

Vita.

Natus sum Carolus Bruno Wagener in oppido quod dicitur Amoy in China, die XXVII. mensis Maii h. s. a. LXVI., patre cive Hammoniensi Bruno quem morte mihi ereptum esse doleo, matre Adelheid e gente Erler. Fidem confiteor evangelicam.

Literarum elementis imbutus frequentavi gymnasium reale Fridericianum Berolini et gymnasium reale Magdeburgii. Maturitatis testimonio instructus autmuno h. s. a. LXXXVI. universitatis Lipsiensis philosophorum ordini adscriptus sum; ineunte vere h. s. a. LXXXX. ad universitatem Halensem me contuli.

Magistri mei doctissimi fuerunt: Lipsia: von Bahder, Fricke, Fricker, Heinze, Hermann, Hildebrandt, Overbeck, Schreiber, Seydel, Springer, Wolff, Wundt, Zarnke; Halis: Droysen, Haym. Omnibus his viris optime de me meritis gratias ago quam maximas.

Thesen.

I.

In Goethes Briefe an Schönborn (1. Juni 1774), (W. W. Weimar, IV. 2. S. 172) muss es heissen: „Mein Cäsar, der Euch nicht freuen wird, scheint sich auch zu bilden."

II.

Das Relief gehört seiner Idee nach rein in die plastische Kunst.

III.

In „Elpenor" und „Iphigenie" von Goethe kehrt das Hamlet-Motiv wieder.

IV.

Zweck des ernsten Schauspieles ist nicht, das Leben nachzuzeichnen, sondern den Zuschauer zu einem höheren Gesichtspunkte über die Alltäglichkeit zu erheben.

V.

Die von Goethe in „Wilhelm Meister" gegebene Erklärung des Hamlet-Charakters ist falsch.

VI.

Der Mensch hat keinen absolut freien sittlichen Willen.

www.ingramcontent.com/pod-product-compliance
Lightning Source LLC
Chambersburg PA
CBHW022031080426
42733CB00007B/805